澜湄环境合作系列丛书

澜沧江－湄公河国家
可持续基础设施与绿色发展

周国梅　李　霞　钱钊晖／编著

中国环境出版集团·北京

图书在版编目（CIP）数据

澜沧江-湄公河国家可持续基础设施与绿色发展/周国梅，李霞，钱钊晖编著.--北京:中国环境出版集团，2020.10

（澜湄环境合作系列丛书）

ISBN 978-7-5111-4467-6

I.①澜... II.①周... ②李... ③钱... III.①澜沧江-流域-基础设施建设-可持续性发展-研究②湄公河-流域-基础设施建设-可持续性发展-研究 IV.①F299.24

中国版本图书馆CIP数据核字(2020)第201671号

责任编辑 赵惠芬
装帧设计 岳 帅

出版发行 中国环境出版集团
（100062 北京市东城区广渠门内大街16号）
网 址：http://www.cesp.com.cn
电子邮箱：bjgl@cesp.com.cn
联系电话：010-67112765（编辑管理部）
发行热线：010-67125803，010-67113405（传真）
印装质量热线：010-67113404
印 刷 北京中献拓方科技发展有限公司
经 销 各地新华书店
版 次 2020年10月第1版
印 次 2020年10月第1次印刷
开 本 710×960 1 / 16
印 张 10.75
字 数 200千字
定 价 66.00元

前　言

澜沧江－湄公河（以下简称“澜湄”）区域由柬埔寨、中国、老挝、缅甸、泰国、越南六国构成，是亚太地区的主要经济增长点，也是“一带一路”倡议的重要区域支点。2016 年 3 月，澜湄合作首次领导人会议召开，宣告着全流域六国共商、共建、共享的新型次区域合作机制正式建立。澜湄合作将发展跨境经济，加强产能合作，开展优势互补，着力推动基础设施互联互通建设。

澜湄区域是连接中国和东南亚、南亚地区的陆海桥梁。受多种因素影响，这一区域内国家的经济和社会发展相对不均衡。由于基础设施建设的融资能力、技术与经验有待提高，区域内基础设施供给不足，制约了区域经济增长速度和可持续发展能力。近年来，区域内各国都在积极进行经济改革，调整产业结构，扩大对外开放，在基础设施建设领域，尤其在交通基础设施网络连通、可持续能源项目开发和生态工业园建设方面已经取得了较大提升，在促进区域经济增长、脱贫和提高人民生活质量等方面也发挥了重要作用。根据亚洲开发银行 2017 年发布的数据，2016—2030 年，东南亚地区基础设施投资需求预计将达到 3.147 万亿美元，投资需求占东南亚地区国家 GDP 总和的

5.7%。澜湄河区域各国的基础设施建设与投资领域发展潜力巨大，将面临前所未有的发展机遇。

与此同时，实现澜湄区域各国间可持续基础设施的互联互通也存在诸多挑战。首先，部分国家工业发展底子薄弱，基础设施不够完善，参与可持续基础设施建设的投资开发能力有待提升。其次，澜湄区域各国开展国际合作的时间较长，参与的国际合作机制较多，不同合作机制的可持续发展侧重点存在差异，因此，如何充分利用各方经验、推动区域内可持续基础设施建设长期发展是需要澜湄国家探讨的重要议题。此外，区域内各国用于可持续基础设施建设的标准与实施方法规范仍有待加强。

基础设施已经成为区域可持续发展的核心焦点，了解区域基础设施建设的进展，梳理项目环保措施、生态环境影响及国际风险，可以为开展区域可持续基础设施研究及大型基础设施建设的环境风险防范提供科学支撑。本书主要围绕澜湄国家可持续基础设施投资建设与绿色发展的主题开展研究，针对澜湄国家可持续基础设施发展历程、澜湄国家交通可持续基础设施、澜湄国家能源可持续基础设施和澜湄国家产业园与绿色发展趋势 4 个方面进行了详细的阐述与分析，尝试探讨澜湄地区各国实现可持续基础设施建设与绿色发展的前景。期望本书能够在可持续基础设施建设与绿色发展的道路上加强中国和湄公河国家的联系，协同区域内国家把握澜湄流域经济发展绿色驱动引擎，促进建成开放包容、创新高效、协作共赢、环境优美以及融通联动的澜湄流域经济发展带。

目 录

1 澜湄国家可持续基础设施发展历程

1.1 可持续基础设施内涵

1.1.1 可持续发展概念

1987 年，世界环境与发展委员会发表了《我们共同的未来》，并于第 42 届联合国大会通过。该报告在系统研究了人类面临的重大经济、社会、环境问题的基础上，首次正式提出了可持续发展概念——“可持续发展是指既满足当代人的需要，又不损害后代人满足需要的能力的发展”。

1992 年，在巴西里约热内卢召开的联合国环境与发展大会，充分采纳了《我们共同的未来》中提出的可持续发展概念，通过并签署了《里约热内卢环境与发展宣言》和《21 世纪议程》等重要文件，指出了人类新的生存与发展道路——经济、社会、环境相互协调发展的可持续发展之路，第一次把可持续发展由理论和概念层面推向行动层面，对此后将可持续发展确立为人类社会发展新战略具有十分重大的意义。

这里的“可持续发展之路”的概念具有深刻而又广泛的内涵，因此，不同学科的专家、学者往往会从各自专业的角度去理解和研究可持续发展的概念，从而出现了不同角度的多种定义。

生态学家提出，应着重从生态、资源和环境保护的角度定义可持续发展，即生态持续性（Ecological Sustainability），体现出自然资源保护与其开发利用程度间的平衡。国际生态联合会和国际生物联合会，将可持续发展定义为“保护和加强环境系统的生产和更新能力”和“不超越环境系统的再生能力”的发展。可持续发展也包括将工业生产转向更清洁、更有效的技术，使其尽可能地接近“零排放”或“密闭式”工艺方法，从而尽可能减少自然资源的消耗。生态学家们认为，要想实现可持续发展应该寻求一种最佳的生态系统，以支撑生态的完整性和人类愿望的实现，使人类的生存环境得以持续。

经济学家们认为，可持续发展的核心是经济发展，使发展既能够保证当代人福利增加，又不减少后代人的福利。经济发展不能以牺牲资源与环境为代价，而要在不降低环境质量和不破坏世界自然资源基础的前提下发展。

综上，可持续发展既不是单纯的经济或社会的持续发展，也不是单纯的自然生态的持续发展，而应被认为是以人为中心的、“自然—社会—经济”复合系统全面协调的、可持续的发展。

1.1.2 可持续基础设施与联合国 2030 可持续发展目标

可持续基础设施是指在建设基础设施的过程中，充分贯彻可持续发展的理念，不仅满足当代人发展和抵御灾害的需求，而且不威胁后代人需求的满足。在建设可持续基础设施的过程中，应综合考虑经济、环境、社会、利益相关方等各方面的发展特点，提高基础设施建设项目在节能减排、资源利用、防灾减灾等方面的能力与效率，扩大项目的作用范围，延长项目的使用周期，从而满足几代人的实际需求。

基本上在任何一个联合国 2030 可持续发展目标（SDG）中都有关于基础设施建设的内容。比如，为实现零饥饿的目标（SDG2），需要有灌溉基础设施来支持农业的可持续发展；为实现优质教育的目标（SDG4），需要能源、学校等基础设施，以便给孩子们提供更好的学习环境；能源基础设施对于良好健康与福祉的目标（SDG3）也很重要。基础设施建设甚至对于实现性别平等的目标（SDG5）都是很重要的，因为不同类型的基础设施能够有效减少家庭女性获取电能和生活用水的时间，提高她们的生活水平。综上所述，基础设施建设可以认为是实现所有 SDG 的基础。部分与可持续基础设施相关的 SDG 见表 1-1。

表 1-1　部分与可持续基础设施相关的 SDG

SDG 编号及项目名称	具体内容
2　零饥饿	2.3　到 2030 年，实现农业生产力翻倍和小规模粮食生产者（特别是妇女、土著居民、农户、牧民和渔民）的收入翻番，具体做法包括确保平等获得土地、其他生产资源和要素、知识、金融服务、市场及增值和其他非农就业机会
3　良好健康与福祉	3.6　到 2020 年，全球公路交通事故造成的死伤人数减半 3.9　到 2030 年，大幅减少因危险化学品以及空气、水和土壤污染导致的患病和死亡人数
6　清洁饮水和卫生设施	6.1　到 2030 年，人人可以方便而公平地获得安全和价格实惠的饮用水
7　经济适用的清洁能源	7.3　到 2030 年，全球能效改善率提高一倍
9　产业、创新和基础设施	9.1　发展优质、可靠、可持续和有抵御灾害能力的基础设施，包括区域和跨境基础设施，以支持经济发展和提升人类福祉，重点是人人都可负担得起并公平利用上述基础设施
11　可持续城市和社区	11.2　到 2030 年，向所有人提供安全、负担得起、易于利用、可持续的交通运输系统，改善道路安全，特别是发展公共交通，要特别关注处境脆弱者、妇女、儿童、残疾人和老年人的需要 11.6　到 2030 年，减少城市的人均负面环境影响，包括空气质量监管，以及城市废物管理等
12　负责任消费和生产	12.3　到 2030 年，在零售和消费环节产生的全球人均粮食浪费将减半，减少在生产和供应环节产生的粮食损失（包括收获后的损失）

SDG 编号及项目名称	具体内容
13　气候行动	13.1　加强各国适应与气候相关的灾害和抵御自然灾害的能力
	13.2　将应对气候变化的举措纳入国家政策、战略和规划

基础设施对环境的影响取决于如何建设基础设施。例如，如果建设使用化石燃料的能源基础设施，无论该基础设施的体量如何，都会在一定程度上对气候变化产生不利影响，加剧全球变暖；如果修建铁路、公路和机场等大型交通基础设施时充分考虑其对周边环境生物多样性的影响，在修建石油管道时充分考虑其是否会影响到保护区，在建设新港口时加强对珊瑚等海洋生物的保护，那么就会降低基础设施建设和使用过程对环境产生的负面影响，这对实现可持续发展目标是至关重要的。

1.2　澜湄国家可持续基础设施发展状况

当前，澜湄合作成员国所在地区的基础设施投资建设水平较低，尤其是老挝和柬埔寨（表 1-2）。各国期望通过改善和提升交通运输、产业配套、能源供给等方面的基础设施水平和服务能力，打破制约地区经济可持续发展的瓶颈。因此，加大基础设施建设力度成为促进澜湄国家经济发展的重要手段，也成为该区域国际经济产能合作的重要领域。

表 1-2 澜湄区域各国基础设施竞争力排名[①]

国家	基础设施总体质量	道路质量	铁路基础设施质量	港口基础设施质量	航空基础设施质量	有效航空座位千米数	电力供应质量	百人移动电话拥有数量	百人固定电话拥有数量	总体基础设施排名
中国	43	39	14	43	49	2	56	105	64	42
柬埔寨	95	93	98	76	99	81	106	35	116	106
老挝	81	91	NA	132	100	115	77	131	73	108
泰国	72	60	77	65	42	15	61	55	91	49
越南	85	89	52	77	86	29	85	40	99	79

2016 年 3 月 23 日，澜湄合作首次领导人会议在海南三亚成功举行，宣告着澜湄合作机制正式确立。这个由中国、泰国、柬埔寨、老挝、缅甸、越南六国根据共同需求量身定制的新型次区域合作机制，致力于共建“澜湄国家命运共同体”。在这次会议上，可持续发展成为澜湄合作机制的三大支柱之一，我国也表示将设立 100 亿元人民币的优惠贷款和 100 亿美元的信贷额度，用于支持澜湄地区基础设施建设和产能合作项目。我国还将推动亚洲基础设施投资银行、丝路基金等平台，积极开展与湄公河流域各国在基础设施建设等领域的合作。

不断增长的基础设施建设需求，使我们不得不面对其可能给环境带来的负面影响。澜湄国家正面临着实现 SDG 的压力，这使得基础设施建设不再是独立的个体问题，而需要我们在建设发展的过程中充分考虑各个可持续发展目标的要求，这也是在澜湄区域建设可持续基础设施显得尤为重要的原因。

1.2.1 柬埔寨可持续基础设施发展状况

由于经济薄弱和战乱等因素影响，柬埔寨的基础设施建设基础比较薄弱。经过长期的努力修复，柬埔寨基础设施建设状况得到了较大改善，但整体上

① 数据来源：《全球竞争力报告（2016—2017 年）》，缅甸数据缺失。

还呈现出落后局面：供应短缺的电力，容量小且没有覆盖全国的电网；建设质量不高的公路，长期废弃的铁路；内河运输规模小且运输成本高的港口；普及率较低的互联网及价高质低的通信服务。具体表现在以下几个方面：

在电力电网建设方面，近年来柬埔寨的电力供应能力不断提高。柬埔寨的总装机容量从 2002 年的 180 兆瓦增至 2016 年的 2 008 兆瓦，增长了 10 倍多。销售电量从 2002 年的 6.14 亿度增至 2016 年的 71.75 亿度，同样增长了 10 倍多。柬埔寨的输电网和变电站建设也取得了不小的成就，与过去相比，柬埔寨全国的变电站增多，范围也有所扩大。在柬埔寨南部、西部等 5 个地区的输变站系统共建设有 25 座变电站，覆盖全国 18 个省。虽然以往柬埔寨电力严重不足的情况得到了一定改善，但大部分地区仍然存在电力供应不稳定、季节性缺电等问题。

在公路、铁路建设方面，柬埔寨国内运输的主要方式是公路运输，在货运和客运运输总量中的占比分别为 69% 和 65%。柬埔寨有 8 条一级国道总体符合我国三级公路标准，二级国道大部分是沥青或碎石路，省道和乡村道路基本为黄土路。柬埔寨西线和南线的两条铁路，客运基本停止，货运能力也较低。在柬埔寨的交通基础设施落后的背景下，我国承担了柬埔寨大部分桥梁与道路建设的工程。这些路桥的连通，不仅是柬埔寨的致富之路，也是促进中柬民心相通的人文之路。

在港口水运建设方面，近年来在外国援助扩建的支持下，柬埔寨主要港口的货物吞吐量快速增长，但受商品运输量、国际航线、河流水位等条件限制，大吨位船舶无法进入柬埔寨港口，使柬埔寨的航运成本居高不下。我国在促进柬埔寨港口基础设施发展中也起到了重要作用，西哈努克港经济特区吸引了 100 多家国内外企业入驻，为当地提供了近 2 万个就业岗位，成为我国“一带一路”倡议与柬埔寨“四角战略”对接的标志性合作项目。

在住宅（非住宅）基础设施建设方面，旅游、采矿以及低端制造业等领域的相关基础设施建设将是柬埔寨未来发展的关键。随着柬埔寨城市化进程加快，人口的增长对住房的需求也在持续扩大。此外，商业建筑也是海外投资者看好的增长点之一，一些海外企业也在柬埔寨制订了大规模的投资计划。总体来说，乐观的经济前景、我国投资的增长以及旅游行业的发展支撑了业界对柬埔寨住宅（非住宅）基础设施建设市场发展的积极预测。与此同时，从中期发展趋势来看，旅游行业和低端制造业的发展有望持续带动住宅（非住宅）基础设施建设的增长。

基础设施建设对推动柬埔寨实现可持续发展和减贫目标非常重要，目前柬埔寨方面也在积极推进基础设施建设，包括道路、交通、港口建设等。此外，发展物流交通也成为柬埔寨经济发展政策的重要组成部分。由于自身条件所限，外国资本的参与一直是柬埔寨基础设施行业发展的重要支撑，随着中国 – 东盟自由贸易区框架内的澜沧江 – 湄公河次区域经济合作的进一步推进，我国一举成为柬埔寨的第一大投资国。除此之外，来自日本、泰国、韩国等国的资本也渗入了柬埔寨基础设施行业的各个领域，并大大推动了柬埔寨基础设施市场的发展。

总体来说，作为曾经世界上经济最不发达的国家之一，柬埔寨近年来保持了每年约7%的经济增速，成为亚洲经济“新虎”。世界银行也宣布柬埔寨不再是低收入国家，已经进入中低收入国家行列。柬埔寨的经济发展很大程度上得益于国际社会提供的资金与援助。截至2017年10月，我国累计对柬埔寨协议投资125.7亿美元，占柬埔寨吸引外资总额的36.4%，是柬埔寨最大的外资来源国。多年来，我国也是柬埔寨最大的贸易伙伴国和最大的进口来源国。

值得注意的是，外资在柬埔寨进行基础设施投资时并没有可供遵守的有关基础设施可持续或基础设施的环境法律，所以主要执行的是环境法与环境影响评价规定。此外，可持续基础设施的建设与发展依靠投资国和投资企业的道德约束和可持续发展意愿。2018年9月，我国中铁团队与柬埔寨代表就西港市基础设施和环境治理项目进行了会谈与探讨，共同签署了《西港市基础设施和环境治理可行性项目合作谅解备忘录》，体现出我国投资者已经充分考虑在柬埔寨基础设施投资中的环境问题，推动我国在柬埔寨投资基础设施时遵循环境可持续的理念。

1.2.2 中国可持续基础设施发展状况

基础设施建设作为经济发展的“主动脉”，其所具有的可持续性在我国生态文明建设中起着至关重要的作用。一方面，基础设施建设是支撑经济发展的物质基础和基本条件，完善的基础设施能够提供便利的交通运输条件、通信条件以及生产条件，从而降低贸易成本，吸引资本流入，推动国家经济增长。因此，基础设施是实现我国经济发展可持续的重要保障。另一方面，基础设施建设项目具有周期长、规模大、外部性强等特点，多数基础设施建

设项目的开展会对生态环境、能源资源、居民生活等各方面产生重大影响，部分项目的实施还涉及历史文化遗迹和自然风景区的保护等问题。因此，基础设施对环境社会的可持续性，符合人类对绿色、健康、稳定的生存环境的要求，是功在当代、利在千秋的大事。

基础设施互联互通也是“一带一路”建设的优先领域，绿色基础设施将成为共建绿色、健康、智力、和平的“一带一路”的必然趋势。基础设施项目建设对生态环境的影响较大，有时甚至会造成不可逆的破坏性影响。当前，在全球范围内建设绿色基础设施是大势所趋，其对社会环境的可持续性，有利于减少对生态的影响和破坏。

自“一带一路”倡议提出以来，我国对基础设施的投资一直保持在国内生产总值（GDP）的 12% 左右，而发达国家约为 3%，其他发展中国家为 5% ～ 6%。我国资助其他发展中国家建造的基础设施，也超过了所有多边开发银行和经合组织国家资助的总和。

我国基础设施的快速发展得益于政府的高度重视和持续投入，也得益于因深化改革而充分发挥出的市场的力量。改革开放后，得益于多种资源的有效动员，我国大规模地开展基础设施建设工程，基础设施建设水平得到大幅且全面的提升，为经济腾飞奠定了重要基础。据麦肯锡公司的研究，从 1992 年到 2013 年，我国用于修建公路、铁路、机场和港口等基础设施的投资占 GDP 的 8.6%，而同期美国的占比为 2.5%。截至 2016 年年底，我国高速公路总里程突破 13 万千米，全国高速铁路运营里程突破 2.2 万千米，均位居世界第一。覆盖全国的高速公路网、高速铁路网，极大地改变了时空概念，促进了人员、货物、信息流动加速，推动了产业的增效和城市化进程。我国还建成了全球效率最高的超高压输电系统，高效率的电网系统为可再生能源的发展奠定了基础。

我国在建设基础设施时就强调推进生态文明建设的理念，提出“一带一路”倡议时，更是强调融入绿色的发展理念。2016 年 6 月 22 日，习近平主席在乌兹别克斯坦最高会议立法院演讲时又一次强调，中国要着力深化环保合作，践行绿色发展理念，加大生态环境保护力度，携手打造“绿色丝绸之路”。在为“一带一路”沿线国家甚至发达国家建造和资助基础设施时，中国将尽心分享和交流几十年来积累的丰富经验，呈现“中国方案”，帮助其他国家避开中国在开发过程中所遭遇的严重的环境压力。中国快速发展所积累的经验极具价值，必将为世界提供建设绿色基础设施、实现低碳发展的宝贵参考。

1.2.3 老挝可持续基础设施发展状况

老挝属内陆国，基础设施比较落后，近年来，在国际社会的支持下，老挝政府不断加大对基础设施的投入，如贯通南北的 13 号公路保持畅通，中心城市基础设施也有所改善。

在交通基础设施方面，老挝的公路运输占全国运输总量的 79%，昆曼公路的贯通降低了我国与东南亚国家的陆路运输成本，有利于促进老挝与周边国家的经贸往来。老挝现有铁路 3.5 千米，从首都万象的塔那凉车站通往老泰边境的友谊大桥。这段铁路由泰国政府投资 1.97 亿泰铢修建，于 2008 年 5 月完工，2009 年 3 月正式通车。目前在建的中老铁路是以中方为主投资建设并运营的、与中国铁路网直接连通的境外铁路项目，全线采用中国技术标准，使用中国设备。中老铁路项目由两国边境磨憨 - 磨丁口岸进入老挝境内后，向南延伸至老挝首都万象。该项目已于 2016 年 12 月全线开工，线路全长 414 千米，时速 160 千米，建设总工期 5 年，总投资 400 亿元人民币，中老双方按照 7 : 3 的股比合资建设。老挝的水路运输全长 3 000 千米，湄公河在老挝境内全长 1 800 多千米，流经 13 个省（市）。老挝在湄公河沿岸设有 20 多个小型码头，占运输总量的 18%。

图 1–1　清晨中的玉磨铁路桥

老挝水电资源丰富，除自用外还可出口，但少部分村、县尚未通电。根据老挝能源与矿业部的报告，2017 年，老挝有 46 家发电厂，生产能力为

6 757 兆瓦，发电量约为 35 608 吉瓦时，其中 43 个为水电站，1 个煤电厂和 2 个生物发电厂（将甘蔗废物转化为电力）。目前，老挝另有 51 个在建的水电站项目，装机容量约为 6 302 兆瓦，到 2020 年年底全部建成并投入商业运营，每年可生产约 30 899 吉瓦时的电力。根据老挝国家电力公司（EDL）规划，局部地区以 115 千伏和 230 千伏电网作为地区主网，国家级干网、跨区域电网连接以及外送越南和泰国电力网络通过 500 千伏输电线路传输，争取让全国 98% 的居民用上电。

《老挝人民民主共和国宪法》（1991 年发表）第 17 条体现了环境保护的内涵，并在 1999 年的《老挝人民民主共和国环境保护法》中得到了进一步的阐释。《老挝人民民主共和国环境保护法》绘制了环境影响评估程序框架。2012 年修订的《老挝人民民主共和国环境保护法》进一步说明了环境影响评估机构和各省环境部门的责任，并要求这些机构和部门按照国家机构设置原则配置环境监测和监管职能。

通过过去几年的一系列修订，老挝的法律和法规得到了显著改善和提高，这确保了法律法规的连贯性并适用于当前的国情和新出现的问题或挑战。老挝政府规定，将环境与社会影响评估及相关合格证书绑定，以此作为批准特许权收购过程中的一部分，总理办公室下属的资源与环境管理局成为政府在这方面的领导机构，负责总体评估开发商提交的环境与社会影响评估报告。

以水电基础设施为例，老挝政府出台的水利水电政策为水电基础设施建设的可持续发展提供了一个全面的框架，包括旨在确保水的使用是公平和可持续的、同时支持社会经济发展和环境保护的水与水资源政策，以及旨在确保长期可行的、环境与社会可持续发展的国家政策。这些水利水电政策为老挝社会带来了净效益，并减少了水电对环境的损害。这就要求大型水电站设施的开发商必须出示完整的环境影响评估和环境管理计划，必须给受影响的群众提供补偿以帮助他们至少恢复到水电基础设施建设前的生活水平（包括资助附近自然保护区，通过有效的养护管理来抵消自然栖息地的消失；与受影响的社区进行自由和透明的协商，公开所有的咨询报告、影响评估、缓解计划和检测报告等）。但是，需要注意的是环境保护的实施程序与法律法规的保障要求之间存在差距。例如，老挝出台的《国家水电可持续政策》中与水利水电项目有关的环境保护的具体要求和程序非常有限，尽管该政策对有效保护水域和支持生物多样性保护有一定帮助，但对管理水域的具体方法或财政资金如何用于生物多样性保护却尚未作出任何要求。

总体来看，老挝有可持续基础设施的基本法律法规要求，但在国家的执法层面有待加强。这些法律有利于最大限度地减少道路建设、电力发展和矿业开发等活动对环境的影响，从而加强基础设施建设中对自然资源的保护和可持续性利用，然而这些法律并没有指出具体违法行为的处罚类型。此外，主要的制约因素也不是法律本身，还有缺少实施这些法律的人力和财力。

1.2.4 缅甸可持续基础设施发展状况

缅甸作为一个土地覆盖面积超过 676 578 平方千米的东南亚大国，分别与孟加拉国、中国、印度、老挝和泰国接壤，其作为连接中国与东南亚、南亚的“十字路口”，战略地位十分明显。

缅甸的交通政策，从国家层面上来说，是国家整合所有地区和促进经济活动（特别是与周边国家的贸易和旅游）的一个重要元素，占据缅甸交通主导地位的公路运输在实现这些政策目标的过程中扮演了重要角色。从当地层面上来说，公路运输对于支持农业、旅游业和为农村地区提供市场准入条件和基本服务至关重要。更完善的道路连接将会促进社会和经济发展的便利化进程，而这在近年来缺失相当严重。2001 年以来，缅甸公路基础设施虽然在总长度上有所增加，但是增速缓慢，远远落后于周边国家。

缅甸的铁路系统由缅甸铁道部下属的国有企业——缅甸国家铁路公司独家经营管理。过去的 20 多年间，铁路网络已经扩大至相当大的规模，从 1991 年的 3 336 千米到 2014 年的 5 844.03 千米，增长了近 75%，其中大部分扩大的铁路线路是为了能够延伸到国家的偏远地区，为其提供客运和货运的运输服务，这一实际行动是国家在缅甸全境实施各民族整合政策的体现。这一增速体现了近些年来缅甸政府对于交通基础设施领域的重视，尤其是铁路方面的建设力度有所提高。但是，和与缅甸有经济往来的重要邻国相比，缅甸的铁路线路总长度在很长一段时间内需要继续拓展延伸。缅甸每平方千米土地上的铁路网络长度远低于印度、孟加拉国，略低于巴基斯坦和泰国。缅甸作为东南亚国土面积第二大国家，连接南亚、中国与东南亚的桥梁国家，虽然占据地缘优势，但是缅甸国内的铁路发展现状堪忧。

缅甸有利的战略地理位置为其发展港口设施提供了便利。缅甸沿着孟加拉湾东海岸有着 2 800 千米的海岸线，可绕过马六甲海峡那条较远的航线，极有潜力成为另一条亚洲的国际贸易航线。孟加拉湾已经拥有了一些世界上规模较大的港口，例如孟加拉国吉大港和印度钦奈港，缅甸正充分利用这个具有极大潜力的优良位置建设、发展港口。港口交通基础设施的发展可以体现出缅甸正在成长为一个区域贸易和交通枢纽中心。

缅甸的电力基础设施极度落后，与邻国互联互通程度低使得缅甸的电力一直存在严重供不应求的情况，面临巨大的资金和技术缺口。缅甸政府放松对外资的限制后，由于外来投资迅速进入、众多中小型企业用电量迅猛增加，加之人口增长等因素，使缅甸电力短缺的问题更加突出，严重影响其经济的发展与民生的改善。世界银行 2017 年营商环境报告显示，缅甸的电力供应规模排在世界 190 个国家和地区中的第 149 位。在东南亚诸国中，缅甸的电力供应排名倒数第二，仅仅好于地少山多的老挝。匮乏的电力供应使缅甸未能发挥其能源性资源储量丰富的优势。

此外，缅甸还不具备确保项目能够遵守刚刚出台的环境保护法律法规的制度和能力。以公路走廊为例，随着公路建设不断深入一些之前未曾开发的地区，森林退化将成为这些地区的主要风险。这也会给水资源的质量和数量带来影响，特别是在那些水位波动很大且森林发挥着重要的蓄水及排水作用的地区。这是因为，一旦森林的水源涵养功能被破坏，洪水风险就会增加。天然森林廊道的丧失也使得野生动物无法自由活动，从而影响了生态过程的正常运转。

缅甸缺少监管框架和清晰的环境评价规范。其 2015 年颁布的环境影响评价程序是该国唯一一个与环境监管相关的法律框架，它要求对大规模的开发项目进行战略环评。但缅甸已经开展的环境影响评价缺乏透明度，环评报告很少公布，并且缅甸政府没有根据法律对这些评估进行信息披露和意见征询。缅甸没有严格要求项目方在建设基础设施时把缓解生态环境扰动放在优先位置来，因此，法律不完善和执行效率低成为缅甸开展可持续基础设施建设的重要挑战。

1.2.5 泰国可持续基础设施发展状况

泰国拥有完善的基础设施，包括发达的海陆空交通网络、现代化的通信网络以及充足的水电供应，有助于外商企业的连续稳定运行并能提高效率，降低成本。现代化的工业区更为投资者提供了全面、成熟的配套体系和一流的服务。

在航空和航运基础设施方面，泰国拥有覆盖全国的航空运输网络，其中曼谷是东南亚地区重要的空中交通枢纽，也是其旅游业发展的重要支柱。泰国拥有上百个港口码头，包括 8 个国际深水港，分别位于首都曼谷、东海岸的廉差邦港口和马达普码头以及南海岸的宋卡、沙敦、陶公、普吉和拉农等府，年吞吐量超过 450 万标准集装箱。

在陆路交通基础设施方面，泰国拥有完善的公路网络，公路总长度超过 16 万千米。2008 年开通的全长 1 800 多千米的昆曼公路，成为泰国通向中国西南最便捷的通道。泰国铁路总长度超过 4 000 千米，以曼谷为中心，连接北部、东北部、东部和南部等主要地区。泰国有与马来西亚铁路系统连接并直达新加坡的铁路系统，也有从廊开府越过湄公河连接老挝首都万象的铁路系统。

泰国内阁已批准与中国合作建设三条高速铁路，分别是曼谷—廊开线、曼谷—泰马边境线和曼谷—罗勇线，其中前两条是从中国昆明经老挝万象、泰国廊开和曼谷、泰国南部边境直至马来西亚的跨国铁路的组成部分。

在促进基础设施的可持续发展方面，泰国环境影响评价（Environmental Impact Assessment in Thailand，EIA）是重要的指导性制度。作为一项保护环境的制度，EIA 在实现环境可持续发展，预防因规划和基础设施建设项目实施后对环境造成不良影响，促进经济、社会和环境的协调发展等方面起到了重要的促进作用。EIA 旨在制订减少项目开发导致的污染、维护人类健康与生态平衡的规划方案，分析项目建成投产后可能对环境产生的影响，并提出污染防治对策和措施。

泰国 EIA 的主要目标和许多其他国家一样，理论上属于项目可行性研究的一部分，但因为环境问题关系到社会所有人群，所以 EIA 由国家单独控制。1981 年，泰国政府颁布了第一个强制性环评要求。目前，根据 1992 年泰国《国家环境增强和保护质量法案》第 46 条，泰国自然资源和环境部具有对泰国 EIA 批准的最终通过和解释权。

泰国政府规定各类基础设施开发商必须向泰国自然资源和环境政策规划办公室提交 EIA 报告，然后泰国内阁及许可机构对此报告提出建议，由开发商根据建议修改报告，直至批准通过。EIA 报告必须由在泰国自然资源和环境政策规划办公室官方注册的咨询公司编制并递交。

EIA 的主要评审项目包括影响环境质量的四大方面：自然环境影响，主要评估项目的开发对周边的土地、水源、空气等自然因素的影响；生态环境影响，主要评估项目的开发对周边动植物及其生存环境的影响；人类居住环境影响，主要评估项目的开发对周边居民生活的影响，如土地利用变化等；社会质量影响，主要评估项目的开发对周边居民生活状态、就业、风俗习惯、价值观等方面的影响。

未来，在基础设施建设领域，泰国会加快建设轨道交通、港口和机场等项目。泰国计划 5 年内在东部经济走廊兴建 15 个重大项目，主要包括水陆空三维交通网络改造建设、工业园区及城市建设等。对于泰国基础设施重点项目，实施中泰合作建设非常重要。在建设过程中，发挥中国可持续基础设施建设能力，推动地区基础设施建设绿色发展，加快提升区域互联互通水平，能够有效带动泰国的经济社会发展。

1.2.6　越南可持续基础设施发展状况

目前，在交通运输方式方面，公路运输为越南的主要运输方式，总里程超 20 万千米。据越南统计，2013 年共运送旅客约 30 亿人次，运输货物约 10 亿吨。目前，越南在建和拟建的高速公路有 40 多条线，全长 6 313 千米，分为 5 个路网。越南铁路总里程约 2 600 千米，以米轨为主（2 160 千米，占总长的 83.08%）。根据《至 2020 年铁路发展规划》，今后越南将重点发展城市铁路交通，首先在河内市和胡志明市进行建设。

越南内河运输的货运量与客运量仅次于公路运输，在全国运输业中均居第二位。越南现有 23 个主要的内河装卸码头和若干小码头，年吞吐量约 700 万吨；主要港口位于胡志明市、河内市、宁平省、和平省等。内河运输的货物主要包括粮食、煤炭、水泥、石头、沙子等。此外，近年来越南的海洋运输发展较快，现有海港 49 个，其中一类港口 17 个，二类港口 23 个，三类港口 9 个；吞吐量主要集中在北部港口群和南部港口群，约占总吞吐量的 80%。全国海港设计吞吐能力约 4 亿吨，尚无国际中转港，进出口货物均需经新加坡等地中转。

在电力方面，越南以水电为第一电力来源，电网已经覆盖了 98.2% 的农村。随着越南经济的持续、较快发展，电力需求越来越大，供需较紧张。越南政府将继续加大对电力领域的投入，特别是加大对再生能源、火电和核电的投入。此外，越南还鼓励利用太阳能、生物质能和地热能等可再生能源发电。

2008 年，国际金融危机尤其是越南共产党第十一次全国代表大会之后，为保持宏观经济稳定，推动经济增长，越南采取大规模经济刺激政策。受益于这种政策，越南政府按照配套化、现代化、基本能适应越南经济社会发展需求的标准保持对交通基础设施尤其是重点工程的高投资比。2008—2015年，越南交通基础设施投资占GDP的8%，远远高于东南亚其他国家（3%～5%）。在高投资驱动下，越南交通基础设施建设取得了显著效果，全国公路、铁路和内河航运实现小幅提速，海运力和空运力快速提升，城市交通拥堵情况显著改善，各经济区之间、中心城市之间、城乡之间的连通性有所增强。越南政府计划投入1 300亿美元改善基础设施现状，年均投入近102亿美元。其中，公路投资19.9亿美元，铁路投资21.3亿美元，航海投资3亿美元，民航投资1.9亿美元，河内市和胡志明市城市交通投资21.5亿美元，农村支持投资5.7亿美元。

越南的《环境保护法》是影响基础设施可持续性的重要法律，其中规定环境影响评价的审定主要由以下部门执行：一般的环境情况评价报告由越南的国家环境保护管理机关审定，国防安全特别设施由专门的管理机关审定，对环境有重大影响的环境情况评价报告则必须由国会审阅，需要国会审阅决定的环境情况评价报告的名目决定权归属国会常务委员会。事实上，越南《环境保护法》确立的环境影响评价审定制度是一种多元审定制度，分为国会保留的投资名目和一般的投资名目，前者由国会常务委员会决定是否由国会审阅，后者直接由环境保护管理机关审定，特殊项目由专门机构审定。越南的环境影响评价制度和投资审批制度的衔接具有一定的特色。虽然越南《环境保护法》中规定的审定机构主要是国会和国家环境保护管理机关，但是根据审定结果做出批准实施预案决定的机关是有管辖权的各级政府机关，且政府机关有权制定审定环境情况评价报告的细则。这就导致越南有权审定环境情况评价报告的机关级别较高，但是其实施细则依然是政府的行政性法规，法律效力较低。此外，越南的环境评价只需要对固定期限内的环境保护和修复提出相关措施，不需要对时效外的环境问题进行分析、评价和预防。

2012年9月，越南总理颁布了关于批准绿色增长国家战略的1393号决定，要求各部委、行业及地方主动制订绿色增长计划，并主动将计划落到实处。总理责成计划与投资部同各有关部委、行业及地方配合开展绿色增长计划。然而，截至2017年，越南全国只有32个省市和8个部门、行业颁布了绿色增长计划。2018年10月，越南总理出席题为"全球领导致力于可持续发展的未来"的全球绿色目标伙伴2030峰会时再次强调，越南将促进绿色增长公私合作项目，尤其是有关节省能源、可再生能源、农业、水资源和智慧城市等项目。这一系列的动作也表明了越南政府高层对于可持续发展的重视，但落实到具体项目层面仍然任重道远。

1.3 开发机构在澜湄区域可持续基础设施中的作用

随着联合国《变革我们的世界：2030年可持续发展议程》将可持续基础设施列为可持续发展目标之一，2015年和2016年连续两届G20峰会均关注可持续基础设施的发展，银行业为降低项目社会风险，也开始遵守赤道原则，对基础设施项目融资提出环境和社会可持续的要求。在澜湄区域，由于各国的经济条件不同，基础设施建设往往需要依靠多边开发机构的支持。这些活跃在澜湄区域的多边开发机构也通过各自的环境社会风险评估体系，促进区域可持续基础设施的投资与发展。

国家开发银行的项目评估中需要包含对拟建项目的环境与社会风险评价，要求贷款申请中必须包含环境影响评估，并且有权利基于环保理由拒绝贷款。国家开发银行还将环境标准和成本纳入贷款协议，使借款人履行其环保承诺。国家开发银行是联合国全球契约组织和联合国环境署金融倡议组织的成员，虽然并没有签署赤道原则，但已建立了一个内部赤道原则工作组，正在将赤道原则逐步纳入其业务发展。

中国进出口银行在项目申请初期就将客户和项目的环境及社会风险状况作为受理授信业务时的调查重点，若环境和社会风险特别复杂、难以判断，将寻求合格、独立的第三方进行调查。中国进出口银行的风险评价与审批标准要求支持的项目须符合我国及项目所在国有权审批机关的相关环保政策和法律法规，并取得必要的我国有权审批机关及项目所在国有权审批机关的批准，相关审批手续完备。如项目所在地的环境保护机制不健全，缺乏相应的环境和社会影响评价政策与标准，中国进出口银行将参照我国标准或国际惯例进行审查。在实际操作中，中国进出口银行评估审查部门严格执行上述要求，将取得项目所在地环境保护部门的批准作为送审的前提条件和要素之一，将环保风险作为风险分析中不可或缺的重要部分。同时，中国进出口银行重点加强对拟授信客户的合规审查，制定相应的规范性要求。在审查过程中，如发现环境影响评价不完备的项目，中国进出口银行审查部门将采取暂缓审批等措施。

亚洲基础设施投资银行（亚投行）的《环境和社会框架》（ESF）是主权和非主权客户支持环境及社会可持续基础设施项目的基石。ESF 将环境和社会可持续性纳入愿景声明，帮助成员国履行其对可持续发展目标（SDG）的承诺并实现其根据《巴黎协定》做出的国家减排承诺。这是亚投行对于气候变化减缓、气候变化适应和其他相关项目的投资所表达的态度。亚投行要求

申请机构充分解释其基础设施项目的可持续性，并参考环境和社会政策（ESP）来评估所有借款。ESP 是亚投行在准备实施支持和投资时解决环境及社会问题的程序。

亚投行根据项目所属部门、地点、规模及环境社会风险和影响进行筛选并分类。根据不同的分类，按照规定制订环境和社会影响评估方案、环境和社会管理计划、环境和社会管理规划框架。环境和社会影响评估对审查项目的潜在环境影响和社会影响评估替代方案，并制订缓解和监测行动计划。环境和社会管理计划详细说明项目实施和运营过程中应采取的措施，以消除不利影响。若在项目批准时无法确定子项目情况，环境和社会管理规划框架将提供下一步工作原则和规定。

亚洲开发银行正促进基础设施向环境可持续、低碳和气候适应性转变，以减少对环境的负面影响，同时更有效地满足当地社区的需求。亚太地区预计的基础设施投资每年达数万亿美元，这为在可持续性和包容性绿色增长原则的设计框架下构建和运营基础设施提供了重要机会。亚洲开发银行致力于区域可持续基础设施投资，优化可再生资源的使用并提高资源利用效率，期望可持续基础设施可以满足当地社区的需求，并最大程度地减少对环境的影响。

世界银行正致力于营造更加友好的国际营商环境，并为不同国家制定有针对性的发展战略和目标，将可持续的发展理念融入相关基础设施项目，通过项目审批、金融贷款、培训教育及相关宣传手段，让可持续发展理念成为各国、各业主及各承包商的共识。现阶段，世界银行正在调整政策框架，以应对新时代国际基础设施领域发展的挑战。比如，通过评估项目环境、社会风险来明确相关责任，进而有效地控制基础设施建设项目对气候、环境以及资源的影响。世界银行在实践中发现，通过这种新型的项目评估框架，不仅能够更加高效地从众多项目中筛选出符合可持续发展理念的案例，而且也能够帮助各国业主及政府对相关基础设施项目做出更明确的预判。

2 澜湄国家交通可持续基础设施

交通基础设施建设作为国民经济的支柱产业之一，对国民经济发展起着至关重要的作用。交通运输方式可分为公路、铁路、航空、水运等。公路在澜湄地区是至关重要的交通基础设施之一。本章以公路基础设施作为关注点。

2.1 可持续公路基础设施建设内涵与趋势

2.1.1 发展内涵

公路基础设施的建设和运营涉及对环境的直接影响和间接影响，如建设过程中的矿业开采、化石能源使用、生态环境破坏、污染排放等各方面的直接环境影响以及运营中由车辆导致的污染排放、交通问题和噪声等间接环境影响。在国际上，可持续公路建设或绿色公路建设通常是指通过不同的可持续发展做法将道路建设对环境的影响限制在最低水平，目标是在限制排放的同时使公路的使用寿命最大化[①]。

① http://www.worldhighways.com.

2016年，我国交通运输部发布了《关于实施绿色公路建设的指导意见》，提出绿色公路建设的重点包括提高资源利用效率、加强生态保护、生命周期管理、技术与管理创新等若干方面。

专栏1 《关于实施绿色公路建设的指导意见》内容摘要

2016年7月20日，我国交通运输部发布了《关于实施绿色公路建设的指导意见》（以下简称《意见》），主要内容如下。

1.《意见》的基本原则：坚持可持续发展，坚持统筹协调，坚持创新驱动，坚持因地制宜。

2.《意见》的建设目标：到2020年，绿色公路建设标准和评估体系基本建立，绿色公路建设理念深入人心，建成一批绿色公路示范工程，形成一套可复制、可推广的经验，行业推动和示范效果显著，绿色公路建设取得明显进展。

3.《意见》的主要任务：

（1）统筹资源利用，实现集约节约。集约利用通道资源，严格保护土地资源，积极应用节能技术和清洁能源，大力推行废旧材料再生循环利用。

（2）加强生态保护，注重自然和谐。推行生态环保设计，严格施工环境保护，加强运营期环境管理。

（3）着眼周期成本，强化建养并重。突出全寿命周期成本理念，全面实施标准化施工，提高养护便利化水平。

（4）实施创新驱动，实现科学高效。加强绿色公路技术研究，大力推进建设管理信息化，总结推广建设管理新经验，探索设置多元化服务设施，丰富公路综合服务方式。

（5）完善标准规范，推动示范引领。制定绿色公路标准规范，开展五大专项行动，打造示范工程。

2015 年 9 月，联合国提出了《变革我们的世界：2030 年可持续发展议程》并获得了 193 个会员国的一致通过。议程包括 17 个可持续发展目标。交通虽然不在 17 个可持续发展目标之内，但是和食品安全、健康、能源、基础设施以及城市等多个目标息息相关，对实现 2030 年可持续发展目标具有重要作用。

2.1.2 发展趋势

根据不同开发机构和国际组织的研究经验、战略规划和重点研究领域，发展中国家未来在可持续公路基础设施领域的发展趋势主要包括以下几点。

2.1.2.1 应对快速增长的公路基础设施需求

当前的公路交通运输系统在满足偏远地区贫困人口的交通需求、促进发达地区和落后地区的交通互联方面仍然有着较大缺口。偏远区域较高的贫困率很大程度上是由交通不便捷导致的。在公路领域，高速公路网络建设能够有效降低区域交通成本和贸易成本，推动经济增长，对改善民生至关重要。

2.1.2.2 推动多元的融资渠道建设和社会资本参与

推动多元的融资渠道建设和社会资本参与为建设可持续公路基础设施注入了新活力，也有利于可持续基础设施建设的长期性和稳定性。由于发展中国家制度保障有待完善且相关经验不足，存在不可预期的政治、环境与社会风险以及可持续基础设施投资周期过长带来的期限错配等现实情况。在发展中国家可持续公路基础设施领域，私营部门贷款比例普遍较低，有必要采取相关措施推动社会资本参与。

2.1.2.3 基础设施可持续运营管理

一般来说，道路基本维护费用缺失 1 美元，会导致车辆的运营成本增加超过 3.9 美元。许多发展中国家和地区在道路基础设施维护方面仍然存在较大缺陷，一些国家的政府更加注重新道路的建设，忽视了对已有公路的维护，在公路交通可持续运营维护领域缺乏必要的政策、体制安排和维护能力。

2.1.2.4 推动区域合作与一体化发展

区域合作与一体化发展是很多国家、地区和组织的工作重点与长期战略。在运输部门，促进和实现一体化发展，意味着增加区域道路网络所需的投资，建立投资计划，创建竞争性的区域交通网络，用更快、更有效的方法来精简跨境规则和程序。

尽管国际社会在可持续基础设施是促进包容性增长、实现可持续发展的必要措施方面已经达成了共识，但可持续基础设施对基础设施的设计、建设、运营及各个环节涉及的资金和技术等都有着较高的要求，而标准体系的不完善使可持续基础设施建设具有挑战性，投资建设者的可持续基础设施理念和技术能力不足以及可持续基础设施标准的统一性问题都导致可持续基础设施难以大范围推广。对基础设施的成本效益分析显示，可持续的基础设施在前期投资要求较高，但是后期运营成本较低，而目前缺少商业模型对可持续基础设施全生命周期的成本效益进行合理配置也是可持续基础设施投资的一个主要限制因素。

2.2 澜湄区域公路基础设施建设投资现状

公路基础设施互联互通和国际大通道建设，不仅能够改善澜湄区域公路的技术等级结构，还能促进区域内各国空间利用能力的提高，改善投资环境，扩大商品交易和产业规模，为产业布局和要素流动提供有效支撑，实现区域内部和交通运输沿线的经济实力大幅增长。同时，区域之间公路基础设施的升级和扩建可以促成运输线路沿线生产技术、人力、资本、物流、产业、市场的高度聚集，实现区域经济一体化发展。

2.2.1 澜湄区域交通基础设施建设与发展总体概况

近年来，澜湄区域内各国都在积极进行经济改革，调整产业结构，扩大对外开放程度，在基础设施建设领域，尤其是交通基础设施网络连通方面已经取得一定的收获，也在促进区域经济增长、脱贫和提高人民生活质量方面发挥了重要作用。亚洲开发银行 2017 年发布的数据显示，2016—2030 年，预计东南亚地区基础设施投资需求将达到 3.147 万亿美元，占 GDP 的 5.7%。其中，澜湄区域的交通基础设施建设与投资领域发展潜力巨大，将面临前所未有的发展机遇。

尽管部分亚洲国家的交通基础设施建设已经达到了较为先进的水平，但总体来看，澜湄区域的交通基础设施在数量上和质量上仍有待提高。

首先，部分国家工业发展水平较低，交通基础设施完善程度不高，参与可持续交通基础设施建设的投资开发能力有待提升。其次，澜湄区域开展国际合作的时间较长，国际合作机制较多，不同合作机制对于可持续发展的侧重点存在差异，如何充分利用各方经验，推动区域内可持续基础设施建设长远发展是需要探讨的重要议题。最后，可持续基础设施的标准制定在区域基础设施建设中仍有待加强。

在公路交通基础设施方面，东南亚公路网是亚洲公路网（Asian Highway Network，AHN）在东南亚国家境内的部分整合。亚洲公路网是联合国亚洲及太平洋经济社会委员会（U.N. Economic and Social Commission for Asia and the Pacific，ESCAP）从 1959 年以来倡导规划的一个连接亚洲地区各国重要城市的国际公路交通运输网络。东亚和东北亚的公路千米路段最长，其次是被印度公路贯穿的南亚，东南亚位列第三，并且绝大部分分布在印度尼西亚和泰国，其他东南亚国家的修建程度不一。

中国－东盟交通部长会议上曾经为东盟境内的公路基础设施建设标准制订了阶段性计划。第一阶段，到 2000 年各国要在国内完成公路路线布局和标示；第二阶段，到 2004 年要在规定线路上安装通用的路牌，公路标准不得低于三级；第三阶段，到 2020 年，所有指定公路标准不得低于一级，非主干路线公路标准不得低于二级。

2.2.2 区域交通基础设施可持续发展的相关法律法规概况

大多数国家都在外商投资与环境保护相关法律中对涉及投资的环境保护与管理进行规定，这些规定是企业与机构开展海外投资和建设的重要准则。澜湄区域各国都制定了投资与环境相关法律，但是目前各国的投资法中没有关于基础设施投资的环境保护的相关规定，针对交通基础设施建设的环境保护相关规定主要由环境影响评价法或相关条例进行界定与规范。

专栏 2 柬埔寨针对基础设施投资建设的环境影响评价规定

柬埔寨的《环境影响评估程序法令》明确了应当进行环境影响评价的项目的类型和规模，其附件将所有的项目分为四类：工业、农业、旅游业、基础设施。基础设施类别下面包括城市化发展，桥梁、国家公路、铁路和港口建设，餐馆和旅店，航空港建设等小类。

《环境影响评估程序法令》第 6 条规定，基础设施项目首先需要提交的是初始环境影响评价报告和项目可行性研究报告。同时根据《环境影响评估程序法令》第 7 条、第 9 条，地方性项目的投资者需向省－直辖市级环境办公室提交其环境影响评价报告和可行性研究报告，以供审查；非地方性项目需将报告提交至环境部进行审查。与初始环境影响评价相对应的是环境影响评价。《环境影响评估程序法令》第 8 条规定，那些对自然资源、生态系统、健康和社会公益可能造成严重影响的项目的所有者需要提交全方位的环境影响评价报告和可行性分析报告。初始环境影响评价类似于全面环境影响评价的分流岔口，只是部分项目才需要进行全面的环境影响评价。一般环评流程如下。

1.提交投资计划。投资者需要将投资建议向环境部门陈述，供其审查。

2.筛查环境影响。环境部门审查后会有三种结果：一是无需进行环境影响评价；二是需要进行初始环境影响评价；三是需要进行全面的环境影响评价。如果环境部门认为该项目可能会对自然资源、生态系统、健康和社会公益产生严重影响，那么环境部门会要求项目投资者进行全面的环境影响评价。

3.对环境影响评价报告进行审查与评价。对于进行环境影响评价的项目，环境部门会对其评价报告进行仔细审查与评价。

4.制订减轻损害的措施。如果该项目的确会对自然资源、生态系统、健康和社会公益产生严重影响，环境部门会要求投资者采取相应的减轻损害措施。

5.提交环评报告。项目投资人需针对之前的活动向环境部门做进一步的报告。

6.环评报告审查。在投资者做出进一步报告之后，环境部门会进行审查。

7.公布审查决定。如果最终申请项目的环境影响评价报告符合要求，环境部门会做出肯定性决定，投资者可以顺利开展项目建设。但是在项目开展的过程中，环境部门还是会跟踪监测并进行环境影响评价审计和评估；相反，如果投资者的报告未被批准，但投资者仍想进行该投资，那么只能重新设计该项目，然后重新提交申请，流程与前面类似。

即使基础设施建设项目的环境评价报告最终被通过，也不意味着投资人在环境领域不再负有责任。根据《环境影响评估程序法令》第23条、

第 26 条的规定，项目所有人或有关责任人员必须在六个月内实施其环境影响评价报告中所述明的环境管理规划，时间从环境部或者省 – 直辖市级环境部门确认其环境影响评价报告完全符合《环境影响评估程序法令》的标准之时起算。即项目投资者还会受到其环境影响评价报告中环境管理规划的约束，并有实施责任。如果项目投资人未能实施环境管理规划，根据《环境影响评估程序法令》第 28 条的规定，环境部有权发布停工令，项目投资人同时还会受到相应的处罚。

2.2.3 澜湄区域交通基础设施建设与投资现状

经过对湄公河区域五国基础设施建设方面的政策法规以及公路投资建设现状的调查研究，主要结论如下。

第一，澜湄国家仍处于发展中阶段，基础设施建设能力有待加强。基础设施作为经济长期、稳定发展的重要基础，对区域和国家经济可持续发展至关重要。区域内部分国家基础设施建设相对滞后，产业配套能力亟待提升。

第二，法律规范与制度能力方面尚需完善与发展。通过对澜湄国家相关法律法规的总结梳理发现，各国有关基础设施可持续发展的法律法规只局限于投资贸易法的部分内容，如投资贸易法中行业优惠政策对基础设施建设给予税收减免等鼓励措施以及其他非税收优惠权益。各国尚未颁布基础设施建设对外投资的相关规定，也没有专门针对基础设施建设的法律法规，对基础设施的环境保护要求基本依靠各国的环境法与环境影响评价规定。

第三，融资模式较为单一。澜湄国家公路基础设施建设项目中，多数采用优惠贷款或无偿援助的投建方式。商业银行和私营企业在项目投资中的参与度较低，融资模式单一。基础设施本身盈利能力相对较弱，投资回报期长，且现金流入“前低后高”，造成短期收益较低，难以从商业性金融机构获取资金，总体融资能力较弱；一般私营企业缺乏对基础设施建设项目的投资能力。

2.3 开发机构在澜湄区域公路基础设施投融资的环境管理经验

多边开发性金融机构在澜湄区域基础设施建设中发挥着积极的推动作用，如亚洲开发银行与世界银行支持大湄公河次区域（GMS）跨境公路建设与改善项目。多边开发性金融机构基本制订了可持续基础设施的发展战略和在交通领域的行动方案。此外，多边开发性金融机构自身的环境与社会保障体系也成为确保包括公路在内的基础设施实现可持续建设的重要因素。

2.3.1 世界银行（World Bank，WB）

2.3.1.1 世界银行在澜湄区域可持续交通基础设施投资现状

世界银行（以下简称“世行”）项目库数据显示，截至2017年，世行参与柬埔寨、老挝、越南、泰国和缅甸的公路基础设施投建项目近40个，全部为公共部门（主权）融资项目，主要用于公路修复、升级，新建公路网连通，能力建设和其他相关活动，项目总成本达54亿美元。

世行参与澜湄区域公路基础设施投建内容以道路修复、升级和新建为主，尤其是农村及偏远地区的道路建设和主要交通干道的修复、维护与适应气候变化的升级改造，以此来提高人民生活水平，促进当地经济发展。公路基础设施投建项目通常分为几个子项目，包括建设工程项目、相关部门机构建设和能力建设培训等。世行对参与的基础设施投建项目进行环境类别评级，并根据不同的环境类别制订相应的环境保护要求。

2.3.1.2 世行的环境管理体系框架

世行的大多数保障政策都由业务政策（Operational Policies, OPs）组成，包括核心要求和必须遵守的程序。世行和环境保障相关的业务政策可具体分为以下几大类。

（1）环境评价（OP 4.01）。可通过它确认潜在的环境和社会影响，并提出缓解影响的措施。评价过程还可确定是否需采用其他保障政策（如非自愿移民政策）。世行要求客户构建环境和社会评估与管理系统（Environmental and Social Assessment and Management System，ESAMS），以识别和管理潜在的环境和社会风险。

（2）自然栖息地（OP 4.04）。该政策防止世行资助的项目影响到具有较高动植物种群密度，并且本质上没有受到人类活动影响的区域。

（3）虫害管理（OP 4.09）。世行鼓励使用生物或环境控制的方式来管理虫害，减轻对化学杀虫剂的依赖，并限制使用杀虫剂。只有项目在综合虫害管理方法下合理使用杀虫剂时，世行才会资助。

（4）原住民（OP 4.10）。这一政策为影响到原住民社区的项目制定了标准和程序，从程序上使原住民社区有权同意或否决项目。

（5）非自愿性移民（OP 4.12）。这个政策为涉及搬迁或因失去土地、房屋、收入来源而造成经济性移民的项目制定了标准和程序。

（6）森林（OP 4.36）。这个政策规定了世行资助的林业项目的最低标准，为有条件限制的商业砍伐和农场开发项目提供融资服务。

专栏 3　世行在澜湄区域公路建设环境管理的案例

越南岘港—广义（Da Nang-Quang Ngai）高速公路改进项目编号为P106235，于 2011 年 5 月 24 日由世行批准开启，执行机构为越南交通运输部。项目总成本为 14.037 亿美元，世行承诺额为 6.135 亿美元。该项目的主要内容是建设高速公路，提高岘港市与广义省间的公路使用效率和安全性，提高越南交通运输部高速公路发展机制建设能力。根据世行对项目环境类别划分的要求，该项目环境类别评级为 A。2013 年 7 月，世行发布了该项目环境影响评价报告，包括对项目的具体描述、相关可选方案分析、当地自然环境和社会经济条件、公众咨询和信息披露等，并分别就项目建设前、建设过程和运营过程中带来的环境和社会影响进行了分析与梳理，提出了降低负面影响的办法。

项目位于越南中部沿海地区，是典型的热带季风气候。项目建设前，世行对相关自然与生态环境进行了调查，发现项目涉及区域内的河流、水库和地下水的水质较好；学校周边噪声测试结果为超过 1 级标准；检测范围内空气质量水平较高。世行还对项目区域内的生态环境和野生动植物情况、保护区（符宁县自然保护区）情况以及区域社会经济情况进行了具体分析。经过调查，该项目可能引起的主要环境和社会问题如表 2-1 所示。

表 2-1　项目可能引起的主要环境与社会问题

环境要素	建设前期	建设过程中	运营阶段
空气污染	–	▲	▲
地表水污染	–	▲	○
地下水污染	–	○	–
废弃物	–	▲	○
土壤污染	–	○	○
振动	–	○	○
噪声	–	▲	▲

环境要素	建设前期	建设过程中	运营阶段
保护区	–	–	–
陆地生态系统	–	▲	○
水文状况	–	▲	▲
地形与土壤侵蚀	–	▲	○
征地拆迁	▲	○	–
居民生活	▲	▲	○
遗产、文化、考古	–	▲	○
景观（美学、视觉）	–	○	○
交通和公共安全	–	▲	○
社会分裂	–	▲	▲
公共健康条件	–	○	○
风险	–	▲	▲
宗教	○	○	○
少数民族与土著民族	–	–	–
未发现的炸弹和地雷	○	○	–

为尽可能减少项目对环境和社会带来的负面影响，该项目采取了相关措施。项目施工前面临的问题是征地拆迁和影响居民生活，因此项目提出了“民生恢复计划”，包括对周边居民的移民安置等具体措施。项目施工过程主要面临空气污染、地表水污染、资源浪费、噪声、土壤侵蚀、影响居民生活、威胁交通和公共安全、引起社会分裂等问题。项目运营阶段主要面临洪水、空气污染、水环境污染、噪声和振动、引起社会分裂等问题。为此，项目针对每一个问题均提出了对应的改善措施。此外，2010 年 10 月，世行批准了该项目环境管理计划（包括环境监测项目），并于 2013 年进行了审查和更新。

2.3.2 亚洲开发银行（Asian Development Bank, ADB）

2.3.2.1 亚洲开发银行在澜湄区域可持续交通基础设施的投资现状

湄公河区域有着丰富的自然资源和文化资源，具有较高的经济发展潜力。为促进区域交通基础设施建设与贸易便利化，亚洲开发银行（以下简称“亚行”）提出了建设经济走廊的合作构想，其中公路交通建设是经济走廊建设的重要部分。

1998 年 10 月，在 GMS 经济合作第八次部长级会议上，亚行提出了建设 GMS 经济走廊的倡议。亚行将 GMS 经济走廊定义为在大湄公河次区域范围内将生产、投资、贸易和基础设施建设等有机地联系为一体的经济合作机制。建设 GMS 经济走廊有利于次区域各国基础设施的互联互通，也有利于次区域各国经济发展潜力的有效释放，促进次区域经济一体化发展。

根据 GMS 交通运输网络总体布局，GMS 经济走廊主要由东西、南北和南部三大经济走廊构成。按照亚行线路规划，东西经济走廊（East-West Economic Corridor）主要覆盖越南、老挝、泰国、缅甸四国，呈“横向”分布。南北经济走廊（North-South Economic Corridor）主要由中国昆明分西线、中线和东线三个方向，分别指向老挝、泰国、越南、缅甸等 GMS 国家，呈“纵向”分布。南部经济走廊（Southern Economic Corridor）主要连接泰国、柬埔寨和越南三个拥有海岸的湄公河国家。GMS 各国后来又相继提出了西部走廊（Western Corridor）、东北部走廊（North-East Corridor）、中部走廊（Central Corridor）、东部走廊（Eastern Corridor）等构想，作为东西、南北、南部三大 GMS 经济走廊的衔接或补充。截至 2009 年年初，亚行在 GMS 参与贷款建设的公路项目如表 2-2 所示。

表 2-2 1966—2008 年亚行在 GMS 参与公路项目分类统计[①]

	区域公路里程 / 千米	国家公路里程 / 千米	省级公路里程 / 千米	总计里程 / 千米	成本 /100 万美元		ADB 贷款 /100 万美元
					单位千米	总成本	
泰国	783	971.4	1 459	3 213.4	0.35	1 130.6	631.2
缅甸	253.2	0	0	253.2	0.50	127.1	34.4
老挝	1 321.3	171.3	275	1 767.6	0.24	416.9	298.2
越南	1 484.3	435	3 200	5 119.3	0.44	2 246.8	1 705.3
柬埔寨	328	1 596	0	1 924	0.14	260.3	151
中国	2 624.7	2 557.4	10 139.2	15 321.3	1.43	2 1853.5	6 331

2013 年 12 月，GMS 区域投资框架（Regional Investment Framework, RIF）获得 GMS 国家批准，确定了亚行 2013—2022 年的优先投资和技术援助项目，共包含 10 个行业中的 200 多个项目，预计投资额超过 500 亿美元。RIF 涵盖诸多行业，包括交通和交通设施、能源、环境、农业、人力资源发展、信息和沟通技术、旅游、贸易设施以及城市发展。其中，交通行业的投资约占总投资的 86.0%，涉及 78 个投资项目（总额度 441 亿美元）、12 个技术援助项目（总额度 1 520 万美元）。如图 2-1 所示，交通投资项目中 30.1% 为公路基础设施项目，交通援助项目中 24.3% 为公路基础设施项目。

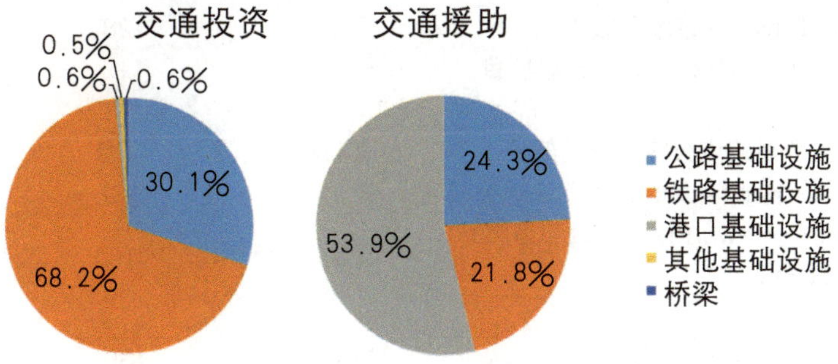

图 2-1 交通基础设施投资和援助项目占比情况

①资料来源：Transport Infrastructure and Trade Facilitation in the Greater Mekong Subregion，亚洲开发银行，2010。

表 2-3 列出了 RIF 交通部门在公路基础设施建设领域的部分潜在投资项目。可以看出，2013—2022 年 GMS 国家对公路基础设施建设、升级和维护方面的需求量巨大。

表 2-3 RIF 交通部门公路基础设施部分潜在投资项目清单[①]

项目名称	覆盖国家	成本估算 /100 万美元
柬埔寨		
波贝一亚兰新跨境公路	柬埔寨、泰国	TBD
金边一西哈努克港公路改善	柬埔寨	1 000
西哈努克省通往港口公路改善	柬埔寨	40
GMS: 深化南部经济走廊连通性	柬埔寨	120
中国		
龙陵一瑞丽高速公路	中国	1 750
景洪一打洛高速公路	中国	2 040
云南普洱综合道路网开发项目	中国	500
老挝		
升级 1A 号国家公路部分路段	老挝	91
升级 13 号国家公路部分路段	老挝	82
升级 8 号国家公路东西交通路线	老挝	80
缅甸		
东西经济走廊 Eindu－Kawkareik 路段道路升级	缅甸	130
Thaton－Payagyi 路段升级项目	缅甸	128
Thilawa－East Dagon 路段升级项目	缅甸	41
泰国		
波贝一亚兰新跨境公路（泰国部分）	柬埔寨、泰国	TBD
Bang Yai－Kanchanaburi 城际高速公路项目	泰国	300
Mae Sot－Myawaddy 跨境项目及基础设施升级	泰国、缅甸	TBD
越南		
14D 号国家公路升级项目	越南	130

① 资料来源：Regional Investment Framework Pipeline of Potential Projects (2013—2022)，亚洲开发银行，2014。

项目名称	覆盖国家	成本估算 /100 万美元
中部湄公河三角洲地区交通便利性	越南	886
GMS 河内—谅山高速公路	越南	1 400
GMS 第二个南部沿海走廊	越南	373

2.3.2.2 亚行环境管理体系框架

亚行批准的《保障政策声明》（SPS）文件包括环境保护政策、非自愿移民政策和原住民政策三项保障政策。这些政策高度关注环境与社会影响和风险。保障政策涉及评估整个项目周期的影响、进行规划和减少负面影响等内容。

《保障政策声明》文件要求：①在项目周期初期确认并评估可能产生的负面影响；②制订和实施计划，以避免、减少、减缓或补偿可能产生的负面影响；③在项目准备阶段和实施过程中，要及时向受影响人群发布信息，征求他们的意见。保障政策适用于亚行所有资助的项目，包括私营部门业务，并适用于项目的各个组成部分。

主要操作步骤如下：①一旦确认某项目可以获得亚行资助，就要尽早梳理、界定相关问题，并在整个项目周期中持续进行；②对不利影响做出评估，制订保障计划，安排减缓措施、监督程序以及机构设置，并将保障政策融入项目的设计和实施过程；③在项目准备和执行期间，征求受影响人群的意见，并以他们能接受的方式、方法和语言发布信息；④应向公众披露保障计划，并在项目周期的各个阶段及时更新信息。

借款人和亚行有各自的项目环境监测责任。监测活动的强度，包括其范围和周期，要视项目的风险和影响程度而定。亚行要求借款人按照项目法律文件实施保障措施和有关保障计划，并定期就计划的执行情况提供监测报告。亚行将对那些产生负面环境和社会影响的项目，定期进行现场考察；对产生重大负面社会或环境影响的项目，由亚行的保障专家、官员或项目咨询专家到现场进行细致的监督考察；审查借款人定期提交的监测报告，以确保项目的负面影响及风险已按计划和亚行的要求得到减缓；与借款人一起尽可能弥补未能实现的法律文件中的保障承诺，并采取补救措施使之重新符合保障要求；编制项目完工报告，结合基底条件和监测结果，评估保障计划是否达到预期的目标和是否取得预期成果。

专栏 4　亚洲开发银行在澜湄地区公路建设环境管理案例

2011 年 12 月 16 日，亚行批准了项目编号为 43309-013 的道路升级项目。该项目由柬埔寨政府申请，用于改善柬埔寨东南部多个省份的省级公路，升级柬埔寨 4 个省份现有条件较差的未铺面道路和铺面道路，对其进行双面和单面沥青处理，同时改善桥梁以及其他排水结构，提高人民生活质量。省道改善工程于 2014 年 9 月 1 日起施行，计划于 2017 年 8 月底完成。项目执行机构为柬埔寨公共工程与运输部，项目实施机构为柬埔寨公共工程与运输部下属部门。

该项目涉及柬埔寨东南部多个省份的多个路段，因此被分成了 CW-A、CW-B1、CW-B2、CW-C 等多个子工程项目，工作较为分散，工程量较大，耗时较长。

根据亚行在环境保障方面的相关要求，项目每半年需要发布一次环境监测报告。2017 年 7 月，亚行公布了该项目 2017 年上半年的环境监测报告，分别对各个子工程项目进行了环境监测与评估。亚行考察人员根据环境管理计划（EMP）规定的相关要求赴现场对项目实施过程进行了调查，调查范围主要包括周边社区设施、空气质量（灰尘和气体排放）、噪声级别、振动级别、侵蚀和沉积、废物处理、土壤和地下水污染情况、周边水资源供应情况、水质、固体废物、取土坑情况、施工区域附近交通管理情况、社区设施受损情况、职业健康与安全、公共安全、动植物情况、文物意外发现情况 17 个方面。

对项目进行环境监测所使用的主要环境参数如表 2-4 所示。

表 2-4 项目环境监测主要环境参数汇总

环境要素	参数	标准
水质	生化需氧量（BOD）	<50 mg/L
	悬浮物（SS）	<50 mg/L
	温度	<45 ℃
	酸碱度（pH）	6 ～ 9
	油脂	<5 mg/L
	溶解氧	>4 mg/L
空气质量	总悬浮颗粒物（TSP）	<0.33 mg/m^3
噪声	等效连续声压级（L_{eq}）	75 dB(A)
振动	质点峰值振动速度(PPV)	<1 mm/s
固体废物	食品废弃物	正确清理
液体废物	废弃油脂	清理后正确控制
化粪池	气味、污水	无味，无溢出物
取土坑	取土坑条件	项目完工后回填，平整表层
	取土坑深度	无溺水危险
采石场	采石场条件	采石场修复
树木砍伐	砍伐树木数量	树木再种植

根据表 2-4，监督人员分别对各个子工程项目进行月度监测，并提出整改意见，同时对承包商的整改情况进行定期监督和通报。

2.4 中国推动澜湄区域可持续公路基础设施投资建设的实践

2.4.1 中国对澜湄区域公路基础设施建设与投融资的支持和保障

随着“一带一路”构想的推进，中国 – 东盟和澜沧江 – 湄公河合作机制不断完善，澜湄沿线国家的发展与合作迎来新起点。基础设施建设投资整体呈上升趋势，可持续发展的议题也受到越来越多的关注。东南亚地区是中国对外投资的主要目的地，而澜沧江-湄公河区域更是其中的重点投资区域。

2.4.1.1 战略支撑

2015 年 3 月 28 日，中国政府发布了《推动共建丝绸之路经济带和 21 世纪海上丝绸之路的愿景与行动》，指出要把基础设施互联互通作为"一带一路"建设的优先领域，尤其需要把握好交通基础设施的关键通道、关键节点和重点工程建设，努力提升道路通达水平和航空基础设施水平，加快推动口岸基础设施和港口合作项目建设，实现国际运输陆、水、空联运通道的畅通便捷。2015 年 5 月，我国在亚欧互联互通产业对话会上特别提出了六大经济走廊建设。中国－中南半岛国际经济走廊作为其中之一，以中国广西南宁和云南昆明为起点，以新加坡为终点，纵贯中南半岛的越南、老挝、柬埔寨、泰国、马来西亚等国家，是中国连接中南半岛的大陆桥，也是中国与东盟合作的跨国经济走廊。该走廊以沿线中心城市为依托，以铁路、公路为载体，正朝着建设优势互补、区域分工、联动开发、共同发展的区域经济体的方向努力。

2015 年 11 月，澜沧江－湄公河合作首次外长会在中国云南省西双版纳傣族自治州景洪市举行，会议宣布启动澜沧江－湄公河合作机制，并发表了《联合新闻公报》。六国外长达成共识，将在互联互通、产能合作、跨境经济合作、水资源合作、农业和减贫合作 5 个优先方向集中推进合作。

2016 年 3 月，澜沧江－湄公河合作首次领导人会议在海南三亚召开，中国国务院总理李克强主持会议时强调要加强互联互通和产能合作，提出："中国已同多个湄公河国家签署或正在商谈共建'一带一路'合作文件，愿加强同各国的发展战略对接……探讨建立澜湄边境地区经济区和产业园区、投资区和交通网，不断完善澜湄地区的基础设施建设。加强在基础设施、工程机械、电力、建材、通信等领域的合作。中国可以通过产能合作帮助湄公河国家提升工业化产业化水平，愿设立优惠贷款和信贷额度，支持澜湄地区基础设施建设和产能合作项目。中方将推动亚洲基础设施投资银行、丝路基金等平台，积极支持澜湄地区基础设施等领域合作开发……中国愿与湄公河国家共同设立澜湄水资源合作中心和环境合作中心，加强技术合作、人才和信息交流，促进绿色、协调、可持续发展。”

“一带一路”倡议的提出和澜沧江－湄公河合作机制的建立明确了澜沧江－湄公河区域在中国对外开放布局中的战略地位以及战略行动的优先领域（“互联互通”与基础设施建设），为澜沧江－湄公河区域的基础设施建设提供了有力支撑。

2.4.1.2　金融支持

基础设施建设项目投资周期长，资金投入大，各国基础设施建设都离不开金融支持。而可持续基础设施建设投资一般高于同类传统基础设施投资，但在项目运营的整个生命周期能够获得环境与社会风险降低、运营和维护成本下降等带来的好处，可获得长期回报。“一带一路”沿线地区经济不发达，金融体系相对落后，基础设施融资缺口较大。

运用金融手段为企业“走出去”提供有效支持，已成为国际通行做法。事实上，中国商业银行为企业提供跨境结算、融资模式设计、信用支持和风险防范等多方面的金融服务，是中国国际工程承包企业全球市场竞争力的重要展现。近几年，基础设施融资在商业银行融资总额中占比较大，增长迅速。截至 2015 年年末，银行业对基础设施行业贷款余额为 19.4 万亿元，同比增长 9.4%，占银行贷款余额的 20% 左右。贷款重点支持了基础设施建设、“一带一路”等重点投资项目。2017 年 5 月，在北京举办的“一带一路”国际合作高峰论坛期间，中国宣布中国国家开发银行、中国进出口银行将分别提供 2 500 亿元和 1 300 亿元等值人民币专项贷款，用于支持“一带一路”基础设施建设、产能、金融合作。

2.4.1.3　技术能力

“要想富，先修路”的发展理念在我国改革开放的实践中不断得到印证。

2017 年国际货币基金组织（IMF）发布的《中国现代化：制度建设投资》指出，中国经济快速增长的重要原因就是建成了包括公路、铁路、通信网络在内的四通八达的实体基础设施。目前我国在能源、通信、铁路、高铁、公路、港口、机场、口岸等各个领域的建设取得了明显成果。在公路领域，我国已建立了广覆盖的公路网，高速公路里程达 12.4 万千米，居世界第一，特别是农村公路里程将近 400 万千米，通达全国 37 684 个乡镇和 634 390 个建制村，通达率分别达到 99.9% 和 99.8% [①]。在满足国内基础设施需求的过程中，我国已具有强大的对外供给能力。从基础设施项目的规划、设计、施工到相关机械设备和自动控制系统的安装、运营与管理，乃至设备维护和人员培训，能力贯穿基建全产业链。

我国在国内基础设施建设和推进“一带一路”倡议的过程中强调生态文明理念。2011 年以来，交通运输部先后发布了《建设低碳交通运输体系指导意见》（交政法发〔2011〕53 号）、《建设低碳交通运输体系试点工作方案》（交政法发〔2011〕53 号）、《交通运输节能减排专项资金支持区域性、主题性项目实施细则（试行）》（厅财字〔2012〕251 号）等一系列文件，部署和推动绿色交通发展，同时开展绿色公路、港口等试点示范主题性项目，积极推动了绿色高速公路建设。2016 年 6 月，交通运输部印发了《交通运输节能环保“十三五”发展规划》（以下简称《规划》），明确提出“十三五”交通运输行业将全面体现“绿色发展”理念，其中对公路运输也提出了明确要求，《规划》中提出“十三五”期间还将推进绿色试点示范工程。截至 2017 年 5 月，交通运输部已公布三批共 33 个绿色公路建设项目，覆盖了国内各省（区、市）。

① 资料来源：中国交通运输发展，国务院新闻办公室，2016。

专栏5 中国援柬7号公路项目[①]

项目全称为“中国援建柬埔寨桔井至柬老边境公路修复项目”。这是迄今为止中国援柬的最大项目。该公路起点位于桔井市以东5.5千米处，终点为上丁省北侧柬老边境柬国边境检查站，总长186.648千米，按我国三级公路标准设计，其中改线公路（新建）39.8千米，工程包括该段公路内的路基工程（含涵洞225道、边沟涵990道）、路面工程、桥梁工程（大小桥梁13座，其中特大桥主跨1 056.84米）、交通安全设施、绿化工程，合同金额为5.08亿元人民币，施工工期为41个月。

中国承建公司全面执行ISO9000质量管理体系，按照质量控制程序和施工规范要求组织施工，制定施行严格的测量、检测、试验工作制度，将各施工段及工点质量责任落实到个人，有效控制工程质量。公司认真考察当地实情和施工风险，制订项目危险源辨析、风险评价和风险控制方案，采用扫雷推土机清理道路表层，确保施工质量、安全和进度。

柬埔寨7号公路有两个路段的设计路基偏低，雨季期易被洪水淹没，影响通行车辆的行车速度及安全，公司针对这种情况，增加投入450万元，修复设计中的质量隐患：一是增加路基填土高度，选用水稳性能好、承载强度高、塑性指数小的砾石土作为路基材料，加铺到所有路基顶面；二是加强路基边坡防护，增加涵洞数量。通过修改设计缺陷，路基淹水问题得到彻底解决，路基的抗滑性能大大增强，车辆在雨季期得以快速、安全行驶。

2.4.1.4 环境可持续管理

（1）涉及基础设施环境管理的对外投资政策

针对对外投资和建设中的环境保护，我国国家发展和改革委员会在2014

① 资料来源：《中国对外承包工程企业社会责任优秀实践案例集》，2017。

年 4 月颁布的《境外投资项目核准和备案管理办法》中规定，“投资主体在境外投资项目申报过程中违反法律法规，隐瞒有关情况或提供虚假材料的，国家发展改革委将不予核准、备案”。

此外，中国政府及相关部门针对对外投资行为出台了一系列的相关政策，引导规范企业对外投资行为。2006 年，国务院发布条例，敦促中国企业在海外“注意环境资源保护”和“维持当地社会和人民生计”。2013 年 2 月，商务部会同环境保护部发布了《对外投资合作环境保护指南》，指导中国企业在“走出去”过程中做好环境保护工作，推动对外投资合作可持续发展，倡导企业树立环保理念，依法履行环保责任，要求企业遵守东道国环保法规，履行环境影响评价、达标排放、环保应急管理等环保法律义务，同时鼓励企业研究与国际接轨。

各组织与协会等机构也制定了特定行业的对外投资与承包建设指南。在基础设施领域，2017 年 6 月，中国对外承包工程商会联合中国中铁股份有限公司、国家开发银行、中国进出口银行、泛美开发银行、德国国际合作机构 5 家单位共同发布了《中国企业境外可持续基础设施项目指引》，从经济、社会、环境、治理 4 个维度对企业在境外参与基础设施项目时的决策和经营行为提出详尽而具体的要求。

（2）金融机构的环境管理措施

近几年中国政府大力推动和发展绿色金融，并将环境治理纳入金融机构投资决策。2007 年以来，中国银监会陆续出台了《节能减排授信工作指导意见》（2007 年）、《绿色信贷指引》（2012 年）、《能效信贷指引》（2015 年）等文件。2016 年 8 月，中国人民银行、财政部等 7 部委联合印发的《关于构建绿色金融体系的指导意见》（银发〔2016〕228 号）对绿色金融、绿色金融体系都做了明确定义，并提出积极发展绿色信贷。

国家开发银行和中国进出口银行是为中国企业对外投资提供服务的重要政策性金融机构。两家机构都制定了相关的环保和社会标准，有权限对客户的不适当环境管理行为进行警告。其中，中国进出口银行发布了环境评估政策，适用于国内外项目（见专栏6）。政策中对银行受理与调查标准、风险评价与审批标准、贷款资金拨付标准以及授信后管理和回收处置标准中的环境与社会要求进行了较为细致的规定。

专栏6 中国进出口银行针对海外项目的环境管理措施

一、受理与调查标准

关注客户的环保风险隐患，实施严格的准入标准，将客户和项目的环境与社会风险状况作为受理授信业务时的调查重点，要求对境内外贷款项目社会效益有关情况的合规性、真实性和风险状况进行全面、深入、细致的调查，并形成尽职调查初步意见。如环境和社会风险特别复杂、难以判断，将寻求合格、独立的第三方进行调查。

二、风险评价与审批标准

要求支持的项目须符合我国及项目所在国的相关环保政策和法律法规，并取得必要的我国有权审批机关及项目所在国的批准，相关审批手续完备。如项目所在地环境保护机制不健全、缺乏相应的环境和社会影响评价政策与标准，中国进出口银行将参照我国标准或国际惯例进行审查。在实际操作中，评估审查部门严格执行上述要求，将取得项目所在地环境保护部门的批准作为送审前提条件和要素之一，将环保风险作为风险分析中不可或缺的部分。同时，重点加强对拟授信客户的合规审查，制定相应的规范性要求。在审查过程中，如发现环境影响评价不完备的项目，审查部门将采取暂缓审批或退卷等措施。

三、贷款资金拨付标准

中国进出口银行将客户环境和社会风险管理状况作为贷款资金发放和支付审核的重要内容，通过信贷手段控制相关环境和社会风险。在贷款资金发放和支付审核中发现客户存在重大风险隐患的，可中止直至终止贷款资金的发放和支付。

四、授信后管理和回收处置标准

中国进出口银行在授信后管理阶段落实严格的贷后管理标准，将环境和社会影响方面的内容作为贷后检查的必查项。对于建设期内的建设项目，重点检查项目建设对环境与社会造成的实际影响和控制与消除影响措施的执行情况。

（1）对于完工项目，重点检查借款人或项目业主是否获得项目竣工环境保护验收文件。

（2）对处于运营期的项目，持续关注环境和社会风险状况。

（3）对于能耗、环保不达标或违反国家有关规定的贷款企业，建立环保风险信贷退出机制。

资料来源：中国进出口银行官网，http://www.eximbank.gov.cn/。

综合分析，在参与澜沧江－湄公河区域公路基础设施建设过程中，我国有着相对完备的战略与资金支持，并且具有一定的技术储备，而在环境管理和绿色投融资领域尚处于探索发展阶段。

中国针对基础设施海外投资建设的相关法规政策一般包含在对外投资的政策之中，对于基础设施投资建设的环境与社会管理规范以指引性文件为主。中国金融机构环境保障体系还处于探索阶段，银行践行绿色金融以绿色信贷、绿色债券、推出概念性产品为主，强调对绿色项目的认证与信息公开，但是由于相关认证标准、环境监管与信息披露体系尚需不断完善，可持续基础设施建设绿色金融工具还有待开发。

2.4.2 澜湄区域公路基础设施投融资建设的地方行动——以云南为例

云南省是中国连接东南亚各国的陆路通道，也是澜沧江－湄公河区域合作的重要地理支点。云南在“一带一路”中的定位是重点建设和完善综合交通体系。而云南省独特的自然景观和生态系统为可持续公路基础设施建设带来了新的挑战。

云南是中国参与澜湄合作的主要省份之一，与湄公河国家的生态环境具有高度连通性，在公路基础设施建设与投融资中具有丰富经验，决定了未来云南省在推动澜湄地区可持续公路基础设施发展中可以发挥重要作用。

云南在公路可持续基础设施建设领域具有一定经验。云南在昆明经磨憨出境至老挝、泰国曼谷公路，昆明经河口出境至越南河内、海防公路，昆明经瑞丽出境至缅甸皎漂公路等绿色化公路建设中取得了系列成果。同时云南在自然地理、生态环境、人文社会以及经济发展等各方面与湄公河各国具有较高的相似性和紧密的联系，云南的公路建设与投融资经验在整个澜湄区域具有较高的可复制性。

尽管云南的公路标准、绿色公路建设工作走在全国前列，但目前，在跨境公路基础设施建设中，云南地方政府仅参与该地区境内沿边公路建设项目的管理，由中国出资建设的国外路段主要由国家统筹管理，地方对于澜沧江－湄公河跨境公路基础设施建设的经验、知识局限于该区域国内段沿边公路的绿色化建设情况。如能实现云南省公路建设标准、绿色公路建设实践与相关技术在澜湄区域的分享和推广，将有助于推动区域基础设施的绿色化与可持续发展。

此外，由于经济发展水平和生态环境敏感等因素的限制，云南省目前在跨境公路基础设施建设中仍存在合作平台有限、资金力度不足、环境管理能力不足、宣传力度不够等问题。目前云南沿边公路基础设施建设项目资金主要来自国家补助、当地财政拨款、银行贷款和少部分的社会资本投入。在当地政府项目资金有限的情况下，银行贷款和社会资本投入成为重要的资金来源。但对于车流量较小的沿边公路路段，存在投入高、收益低的现象，依靠道路收费难以偿还贷款，只能勉强支付利息，因此对商业金融机构或民间资本没有吸引力，真正意义上的 PPP 模式很难实现和推广。同时，云南省自然环境条件复杂，生物多样性丰富且敏感，跨界环境风险压力大，澜沧江－湄公河一江连六国，云南作为澜沧江最后的出境地，在开展跨境公路基础设施建设过程中，面临跨境河流水环境保护、生物多样性减少、植被破坏、水土流失和水污染等多种环境风险。

专栏 7　中国在澜沧江－湄公河区域投资公路基础设施案例

2016 年 5 月，交通运输部印发了《关于开展绿色公路建设典型示范工程建设的通知》，将小磨高速公路列为首批全国绿色公路建设典型示范工程。云南省小勐养至磨憨公路改扩建工程是国家高速公路网 G8511 昆明—磨憨（口岸）的末段。小磨高速公路改建工程在支持“一带一路”国家倡议、构筑西南国际大通道中具有重要的地位和作用，是中国在澜湄地区重要的公路基础设施投资建设项目。该项目建成通车后，将成为我国连通南亚、东南亚各国的重要国际大通道。

项目全长 167 千米，全线采用双向四车道高速公路标准建设，设计速度为 80 千米 / 小时。项目开展过程中的环境保护措施如下：（1）强化顶层设计，加大组织保障。一是编制小磨高速绿色公路建设方案，从“生态引领、低碳节约、景观融合、服务共享、智慧创新”五个方面进行建设方案的编写，并提出工程全线品质提升方案。针对工程起止点、服务区和特殊敏感路段等，提出了绿色公路重要节点、亮点展示工程，做到了整体推进和重点建设的统筹。二是成立绿色公路建设领导小组，保障绿色公路建设工作稳步开展。（2）推进资源集约利用。一是尽量利用现有公路，减轻生态损害、降低污染排放、节约资源能源。二是综合利用隧道弃渣。小磨高速公路新建隧道 33 座（29.313 千米），施工过程中将产生大量弃渣。经“三级筛选”后对隧道弃渣再利用，优质碎石用于隧道衬砌混凝土骨料，次级碎石用于路基加强层，其余残渣用于路堤填筑。三是土地资源节约集约。临时设施尽量利用已开挖或填筑的路基、弃土场，统筹考虑沿线服务设施与弃土场设计，最大限度地减少用地范围和生态影响。(3) 着眼敏感生态环境，降低工程生态影响。一是开展工程生态选线。从生态角度出发，以减少对周围环境的破坏为原则，充分利用现有地形进行合理选线，尽量避让沿线森林、水域敏感区等生态点位。二是保护野生亚洲象种群。针对亚洲象迁徙通道开展生态比选和选线，在勐腊—尚勇段采用隧道下穿方式建设亚洲象迁徙通道，同时将隧道上方被砍伐的橡胶林恢复为天然林，以便亚洲象无障碍通过。三是开展重要植物保护。通过对沿线植物的前期调查，对国家一、二级保护植物进行移植保护。尽量原址保护古树，做好围栏、挂牌保护。四是分类开展边坡生态修复，使高陡边坡、岩石边坡等修复难度较大的边坡得以成功修复，为打造良好路侧景观提供了支撑。（4）关注污染排放，加强低碳减排。一是隧道通风控污。工程采用前馈式智能模糊通风控制系统，对交通量和交通组成进行预测，并适时适量送风，有效控制隧道内空气污染。二是桥面径流污染防治。工程通过建设桥面径流污染和应急处理系统，对跨越敏感水体的大型桥梁水污染进行综合防治，同时对桥面危险品运输污染事故进行应急处理。三是生态型声屏障建设。采用声屏障保护施工附近村落免受噪声污染影响。四是沿线站点污水零排放。分别在沿线服务区、匝道和主线收费站安装污水处理系统，做到中水循环利用，污水不外排。

（5）实施严格检测监管。针对小磨高速公路施工期和试运营期开展环境监测，内容包括大气、水、噪声检测和动物通道利用效果的监测。对工程涉及的国家自然保护区、风景名胜区等敏感目标路段开展施工期环境监理，以保证工程施工符合相关环保要求。

3 澜湄国家能源可持续基础设施

3.1 澜湄国家能源可持续发展现状

澜沧江－湄公河是一条流经亚洲的国际大河，也是世界第六大河、亚洲第三大河、东南亚第一大河。澜沧江－湄公河发源于中国青海省唐古拉山脉岗果日峰的扎曲，流至昌都后始称澜沧江。流至云南省南腊河口出境，出境后改称湄公河。自北向南流经中国青海、西藏、云南三省区和缅甸、老挝、泰国、柬埔寨、越南五国，于越南胡志明市附近湄公河三角洲注入南中国海，被誉为“东方的多瑙河”。

澜沧江－湄公河全长约 4 900 千米，中国段 2 161.2 千米，缅甸段 265 千米（中国南腊河口至老缅泰分界点），老挝段 1 987.7 千米，泰国段 976.3 千米，柬埔寨段 501.7 千米，越南段 229.8 千米（其中，有 234 千米是在老挝和缅甸之间穿过，有 976.3 千米是老挝和泰国之间的界河）。流域总面积约 81 万平方千米，中国 16.7 万平方千米，缅甸 2.1 万平方千米，老挝 21.5 万平方千米，泰国 18.2 万平方千米，柬埔寨 16.1 万平方千米，越南 6.5 万平方千米。

据估计，澜湄流域地区能源资源的蕴藏量包括约 22.9 万兆瓦每年的水电潜力、约 12 亿立方米天然气储量、8.2 亿吨石油和液化天然气、约 280 亿吨煤炭储量。缅甸、泰国和越南拥有丰富的天然气储量，越南拥有较多的石油储量，中国云南省拥有主要的煤炭储量。柬埔寨、泰国和中国是能源进口国，而老挝、缅甸和越南则是澜湄流域国家和世界其他地区的能源出口国。同样，电力方面，老挝和缅甸为出口发电型，发电量均超出了国内用户的供电需求。具体见表 3-1。

表 3-1　澜湄流域主要能源类型 ①

能源类型	GMS	柬埔寨	老挝	缅甸	泰国	越南	中国	
							广西	云南
水电 / 兆瓦	229 031	9 703	17 979	39 669	4 566	35 103	17 640	104 370
煤炭 / 兆吨	28 065	10	503	2	1 239	150	2 167	23 994
天然气 / 兆立方米	1 179	NA	—	590	340	217	NA	NA
石油和液化天然气 / 兆吨	819	NA	—	7	50	626	173	NA

为了应对气候变化，澜沧江－湄公河流域国家也面临着需大幅减少对化石能源（尤其是石油和煤炭）依赖的挑战。扩大可再生能源的利用将为本地区带来更多机遇：新兴行业和就业机会、减少对能源进口的依赖、向贫困偏远地区提供电力供应、减少大气污染和提供适宜的生活环境等。

湄公河水能资源丰富，水能蕴藏量巨大，水电是本地区最重要的可再生能源。老挝、缅甸、越南和中国两个省份占有该地区水电资源的 94%，老挝

① 资料来源：Greater Mekong Subregion Power Trade and Interconnection 2 Decades of Cooperation，亚洲开发银行，2012。

和缅甸的水电潜力巨大，而越南的水电潜力集中在北部地区。为了利用澜沧江－湄公河水能资源，流域各国都不同程度地对湄公河进行了水电开发。表3-2是根据湄公河干流水电站规划及湄公河支流开发和规划情况统计出的柬埔寨、老挝、泰国和越南4个国家的水电项目情况。老挝和柬埔寨两国湄公河流域面积占国家领土面积的比例都超过了85%，越南湄公河流域面积虽然只占了国家领土面积的19.70%，但湄公河三角洲所在的越南南部为越南最富饶的地区，因此湄公河水资源开发利用对这4个国家极为重要。

表3–2 湄公河下游四国水电项目统计

国家	干流		支流		
	在建	规划	已建	在建	规划
柬埔寨	—	2	1	—	11
老挝	2	7	11	9	71
泰国	—	—	7	—	—
越南	—	—	7	5	3
合计	2	9	26	14	85

然而，澜沧江－湄公河是亚洲重要的国际河流。目前，水电开发对生态和环境影响也引发了较大争议，其中包括水电大坝建设对鱼类洄游、泥沙沉降及河床演变、流域生态补偿、生物多样性保护、跨境水安全等方面的影响。

除水电资源外，澜湄国家均已制订了促进其他可再生能源使用的计划，包括太阳能、风能、生物质能和沼气能源等。但是，除泰国外，湄公河下游国家在发展可再生能源方面仍处于初级阶段。尽管与传统能源相比，太阳能的成本相对较高，但太阳能在该地区仍然得到了比较广泛的推广，但大范围利用仍然受到本地经济发展和技术落后的制约。风力发电亦是如此，得益于输电网的不断发展和上网电价补偿系统，风力发电在该地区得以推广。生物质能的使用规模则较小，其关键取决于农业生产用地的分配情况。动物粪便产生的沼气也是一种小型的、适合于并网接入的农业社区的能源，但难以大范围推广。

3.1.1 柬埔寨可持续能源发展现状

长期战乱使得地处中南半岛的柬埔寨国内经济发展落后。但随着国际局势的发展，中南半岛局势趋于缓和，柬埔寨的规划者将湄公河流域的水资源开发视为柬埔寨未来发展的关键。由表 3-3 可知，2017 年和 2018 年柬埔寨最主要的能源来自水力发电，均超过总量的 40%，且远超其他来源。

表 3-3 柬埔寨主要能源来源

能源来源	2017 年			2018 年		
	装机量 / 兆瓦	发电量 / 100 万千瓦・时	占比 /%	装机量 / 兆瓦	发电量 / 100 万千瓦・时	占比 /%
内部						
火电站	538.00	2 829.12	35.51	583.00	3 020.58	33.27
水电站	979.70	3 217.79	40.39	1 329.70	4 209.25	46.36
发电	251.33	381.14	4.78	251.33	260.43	2.87
可再生能源	84.27	48.61	0.61	72.27	60.06	0.66
工业	13.19	9.59	0.12	10.63	8.68	0.10
内部总量	1 866.49	6 486.25	81.41	2 246.93	7 559.00	83.26
外部（进口）						
泰国	135.50	269.56	3.38	135.50	266.37	2.93
越南	277.00	1 153.85	14.48	277.00	1 178.19	12.98
老挝	4.00	56.52	0.71	4.00	75.62	0.83
总进口量	416.50	1 479.93	18.57	416.50	1 520.18	16.74
能源总量	2 282.99	7 966.18	99.98	2 663.43	9 079.18	100.00

柬埔寨对湄公河支流的利用率远远大于其干流，如境内的洞里萨湖（东南亚最大的淡水湖）是澜湄流域最重要的洪枯水自然调节区，其主要的水源需求是每年丰水季上游保证相当的供水量，以此维持湖区的洪泛面积，在枯水季由湖区向下游放水，还能提高土壤肥力。

2007年，在湄公河下游的干流，老挝、泰国和柬埔寨3个国家同时正式开始研究修建水电站项目。柬埔寨86%的国土在湄公河流域内，拥有巨大的发电水力资源，水利发展的潜力巨大，但目前已开发利用的水利资源仅占3%。在饱受几十年内战与地区冲突的创伤之后，柬埔寨的经济和社会虽然在不断地恢复，但其仍属于世界最贫困的国家之一。因此，很大程度上柬埔寨的发展还是依赖自然，这为湄公河水电资源开发提供了良好的经济发展机遇。

除水电外，柬埔寨太阳能资源丰富，柬埔寨约有13.45万平方千米的土地适宜发展太阳能，平均日太阳辐射量为每平方米5千瓦·时，但目前柬埔寨太阳能发展缓慢，仅有两个太阳能试点专案，占太阳能发电潜能的很小一部分。柬埔寨生物质资源也较为丰富，主要包括稻壳、甘蔗渣等农业剩余物、林业生产剩余物和畜禽粪便等，柬埔寨政府目前正在积极寻求国外的资金和先进技术发展本国的生物质能。

3.1.2 中国可持续能源发展现状

近十年来，我国能源生产发生巨大变革，发展动力由传统能源加速向新能源转变，能源结构由以原煤为主加速向多元化、清洁化转变。原煤、原油等传统能源生产增速明显放缓，占比大幅下降：2005—2018年，原煤产量年均增长3.5%，比1949—2005年年均增速回落4.5个百分点，2018年占能源生产总量比重比2005年下降8.1个百分点；原油产量年均增长0.3%，年均增速回落13.7个百分点，占比下降4.1个百分点①。天然气、水电、核电、新能源（风电、太阳能及其他能源）等清洁能源加速发展，占比不断提高：天然气产量年均增长9.5%，占比提高2.6个百分点；一次电力及其他能源产量年均增长10.2%，占比提高9.6个百分点①。

当前，我国发电装机结构也正进一步趋向优化，非化石能源发电装机容

① 资料来源：能源发展实现历史巨变　节能降耗唱响时代旋律——新中国成立70周年经济社会发展成就系列报告之四，中国国家统计局能源司，2019。

量目前已占全国发电总装机容量的40.8%，新能源发电装机占比为18.9%，有所提高。2018年，中国发电新增生产能力（正式投产）12 785万千瓦[①]。其中，火电4 380万千瓦，已连续4年减少；核电884万千瓦，创核电年投产新高；并网风电和太阳能发电2 127万千瓦和4 525万千瓦，其合计新增占全国新增装机容量的52.0%。

中国光伏发电近年来在技术进步、成本降低方面取得了较大成就，新技术应用范围的持续扩大，关键技术参数指标的进一步提升，关键设备和工程成本的持续下降，使得在部分地区实现了发电侧平价上网。

风电方面，中国近10年来保持风电建设的稳定增长趋势，截至2018年，全国（除港、澳、台地区外）累计装机容量约2.1亿千瓦（见图3-1）。

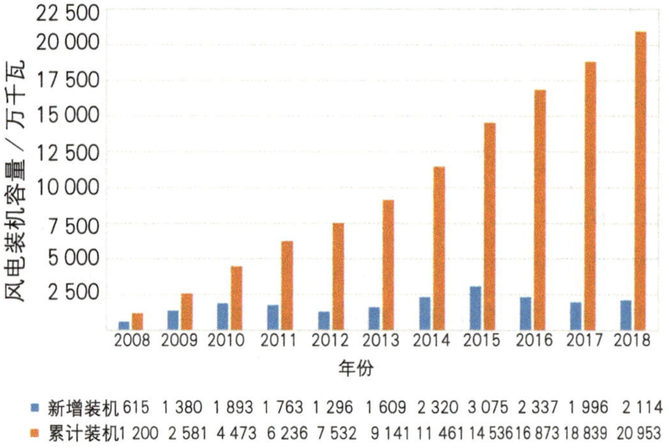

图3-1　2008—2018年中国新增和累计风电装机容量[②]

中国主要风力发电厂位于西北部省区，风力资源丰富，截至2018年年底，

①数据来源：《中国电力行业年度发展报告2019》。
②数据来源：2018年中国风电吊装容量统计简报，中国风能协会，2019-04-04。

内蒙古自治区和新疆维吾尔自治区累计风电装机容量位居中国第一和第二。澜沧江所流经的云南省是中国西南省区中风电装机最大的地区（见图 3-2）。

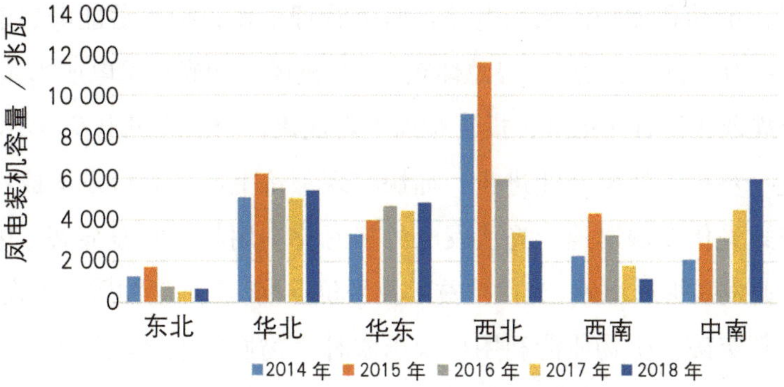

图 3-2　2014—2018 年中国各区域新增风电装机容量趋势①

在澜沧江流域，水能资源理论蕴藏量 3 656 万千瓦，其中干流水电资源的 70% ～ 72%、支流水电资源的 67.5% 在云南省境内。云南是我国西电东送的重要基地，云南电网乃至南方电网提供的强大、优质电能，极大地改善了中国电源结构不合理的状况。

目前，云南省境内澜沧江干流河段规划了 15 级电站，以功果桥为界，分为上游（古水—苗尾）和中下游（功果桥—勐松）河段。上游河段共规划古水、乌弄龙、里底、托巴、黄登、大华桥、苗尾 7 个梯级，中下游河段共规划功果桥、小湾、漫湾、大朝山、糯扎渡、景洪、橄榄坝、勐松 8 个梯级。截至 2018 年，澜沧江干流已建成里底、黄登、大华桥、苗尾、功果桥、小湾、漫湾、大朝山、糯扎渡、景洪两库 10 级电站，总装机 1 937.5 万千瓦（里底投产 1 台机组，黄登、大华桥各投产 3 台机组）。

① 数据来源：2018 年中国风电吊装容量统计简报，中国风能协会，2019-04-04。

总体来说，中国可持续能源发展呈现以下趋势[①]：一是常规水电发展放缓、抽水蓄能电站推进有序。中国常规水电新增开工规模减小，未来水电开发潜力主要集中在西南，需进一步促进水电开发与环境保护协调发展，做好水库移民安置，推动和加强流域水电综合监测管理工作；抽水蓄能电站建设和前期工作正在有序推进，发展形势总体较好。二是风电和光伏发电成本显著降低。风电基地规划建设有序推进，投资布局不断优化，分散式风电发展不断推进；未来需进一步推动风电产业进步、加快实现平价上网。光伏发电成本显著下降，分布式光伏发展迅速、光伏发电的多元化利用趋势日益显著，未来需着力推动产业发展提质增效、光伏扶贫以及平价上网。三是生物质发电发展迅速、技术取得新突破。生物质能利用呈现出农林生物质发电区域集中，垃圾焚烧发电装机快速增长，生物质发电转向热电联产等特点，未来还需进一步推动技术研发和商业模式创新。

3.1.3 老挝可持续能源发展现状

老挝境内有着丰富的水能资源，湄公河下游在老挝境内长达 777.4 千米，50% 以上的水资源都蕴藏在老挝境内，全境有 20 余条流程 200 千米以上的河流，并且老挝 70% 的国土面积属于复杂的山地和高原，特别是中上部和南部地区。因此，老挝拥有水电资源开发的自然条件优势，拥有 60 多条水能资源较好、容易兴建水电站的河流。

目前，老挝已建成水电站的装机容量约为 6 000 兆瓦，老挝政府的目标是到 2020 年实现 14 000 兆瓦的能源生产。其主要出口对象是能源需求不断增长的泰国等邻国，未来也有望向东南亚其他国家出口。图 3-3 为老挝中部的 Theun Hinboun 水电站。

① 中国可再生能源发展报告 2018，水利水电规划设计总院，2019。

图 3-3 老挝中部的 Theun Hinboun 水电站[①]

老挝政府鼓励外国资本投资开发水电资源，投资模式以BOT模式[②]为主，特许经营期限一般为30年（含建设期）。在项目经营期内，老挝政府提供一定程度的税费减免和法律豁免等优惠政策，其中包括免费租用项目建设用地，以及除1%的资源税和个人所得税外，减免其他税费（包括营业税、企业所得税、关税等），但具体项目的税费优惠条件需要与老挝政府进行协商和申请。

推动当前在老挝投资水电热潮的公司和投资者来自泰国、中国、越南和马来西亚。老挝水电开发计划中包含72个新的大型水坝，其中12个正在建设当中，近25个在前期计划阶段。

除水电外，老挝也在积极探索光伏发电产业。2017年，老挝电力大众公司（EDL-Gen）在万象市 Naxaithong 区 Chaengsavang 村 启动了太阳能农场项目，旨在确保首都万象的可持续能源供应。2018年，老挝政府与中国杭州赛芳科技有限公司签订了老挝赛宋奔省龙山县苏坡沙湾区南俄湖水库水面1.1吉瓦水上光伏项目谅解备忘录。

① 图片来源：Elliot Brennan。
② 即 Build（建设）-Operate（运营）-Transfer（转让）三个单词的缩写，其为将政府所规划的工程交由民间投资兴建并经营，在特许期限结束后再由政府回收经营。

为提升老挝可再生能源的技术和设备，帮助老方培养专业人才，共同开发和利用可再生能源，2013 年 9 月，在中国科技部的援助下，老挝科技部和云南师范大学共同着手建设可再生能源与新材料研究所。2018 年 8 月项目验收时，双方已在老挝万象等地建成包括以太阳能光伏利用与新材料实验室、太阳能光热利用实验室、生物能源综合开发和利用实验室及太阳能产品利用质量检测中心为主的联合实验室，为老挝培养了一批可再生能源领域的高端复合型人才，开展老挝可再生能源调查与探勘，协助老挝制订可再生能源开发与利用规划方案，建立能效提高与评价系统。

3.1.4 缅甸可持续能源发展现状

缅甸的地表水潜在资源达到了 10 820 亿立方米，含量十分丰富。缅甸是一个农业大国，农业部门用水率达到了 90%，工业和家庭用水只占总用水量的 10%。在如此丰富的水资源条件下，缅甸的水资源总利用率只有 5% 左右。

缅甸可供开发的水电资源分散在全国各处，共有 90 多处，总装机容量 46 000 兆瓦，其中已完成装机容量 1 738.5 兆瓦，40 237.5 兆瓦正在实施建设中。此外，缅甸水电开发利用的水平很低，只有不到 4%，缅甸全国水电装机容量仅 117.2 万千瓦，而且大部分是性能较差的中小型电站。

除水电外，缅甸电力和能源部正在起草以太阳能和风能为重点的可再生能源法案，为可持续能源开发投资者提供相应激励措施，以推动本国能源的可持续发展，并希望到 2021 年通过可再生能源实现国内 8% 的电力供应，到 2025 年力争增长至 12%。

当前，缅甸正在马格威地区的敏部市建设一座 170 兆瓦的太阳能发电厂，工程于 2019 年 2 月竣工。此外，缅甸同时计划在曼德勒地区建设两座 150 兆瓦的太阳能发电厂。

风能方面，缅甸已与中国三峡集团签署协议，在伊洛瓦底省开发 30 兆瓦的风力发电项目，届时将诞生缅甸首个风力发电项目。

3.1.5 泰国可持续能源发展现状

泰国有自己的石油、天然气和煤炭等化石能源资源，但其产量远不能满足国内消费，如果以目前的资源利用速度计算，预计 10 年后将被耗尽。由于缺乏本土资源，因此泰国能源严重依赖进口。本国消耗能源的 60% 都从国外购买，主要是石油和天然气。因此，泰国加大能源领域投资力度的进程已经展开。泰国稳定的政治环境和经济前景增加了投资者进入可再生能源市场的兴趣。

泰国能源部表示将持续支持可再生能源项目，这些项目可能在 2015 年后带来 1 200 亿泰铢私营投资。泰国在湄公河上仅有 7 座已建支流水电站，总装机容量 745 兆瓦，近期无水电工程规划。由于太阳能发电项目投资成本比开发其他类型的能源资源要高很多，太阳能将不再是重点项目。据 2015—2036 年可再生能源发展计划，到 2036 年泰国将从生物质能中生产 5 570 兆瓦电力资源（高于目前的 2 490 兆瓦），沼气产电将达到 1 280 兆瓦（高于目前的 311.5 兆瓦），城市与工业废水产电将达到 550 兆瓦（高于目前的 74 兆瓦）。

为了提高输电能力，泰国已经启动了许多工程项目。比如，2013 年 8 月泰国国家电力局提出计划建造一座全新的高压输电线路，价值达 600 亿泰铢，以服务泰国南部地区。泰国计划使该国的发电资源多样化，到 2022 年以前争取将可再生能源的发电比重提高到 39%。泰国第三次修订 2010—2030 年国家电力发展计划，要求在 2030 年前 55 000 兆瓦的新电厂要修建完成，发电和输电建设投资规模约达 8 000 亿泰铢。

3.1.6 越南可持续能源发展现状

2018 年，越南发布的国家能源发展计划强调水力资源在国家能源安全中扮演重要角色，政府应该最大限度地开发和利用水力资源。因越南国内许多地区上马的大型水电项目对社会、环境和经济造成了许多负面效应，政府转换了能源策略重点，在评估小规模项目实施情况后，认为小型项目将是利用国家水力资源的最可持续的方式，也将是最具经济和财政可行性的方案。

据越南工贸部统计的数据，水电占2016—2017年越南全国发电量的40%。工贸部设定的发电目标是，到2020年水电电厂装机容量达到21 600兆瓦，2025年上升至24 600兆瓦，2030年达到27 800兆瓦。私人投资者在建设小型水利项目上积累的丰富经验，能有效降低对环境的负面影响，越南经济的平稳发展，使得投资者更容易募集资金，越南境内部分小型水电项目已获得世行的优惠贷款。另外，通过水电厂上缴的税收也可以反哺被项目开发影响的当地社区，从而改善当地人民的生活条件。

此外，越南也在规划太阳能发电项目。2017年，越南政府签署了关于鼓励越南发展太阳能发电项目的决议，为国内外投资商在越南电力市场的建设带来了巨大的投资机会，也为越南可再生能源市场带来了良好的发展前景。截至2018年6月，省级/国家电力规划增加了100个太阳能发电项目，到2020年总发电容量为4.7吉瓦。由于日照时间较长，越南芹苴和南部省份的太阳能发电潜力巨大。太阳能电池不仅可以安装在屋顶上，而且可以放置在池塘上，从而最大限度地减少水的蒸发，抑制藻类的生长。目前，越南规划有748个屋顶太阳能项目，总容量为11.55兆瓦。

风能发电方面，越南现有4个风电场，但发电总容量仅为160兆瓦，这就意味着在该国能源结构中，风力发电还有更多的发展空间。世界银行表示，在东南亚地区，越南的风能潜力明显高于周边国家。世界银行的一项调查显示，越南总陆地面积的8.6%可被有效地用于建设风力发电厂，而这一数据在柬埔寨、老挝和泰国分别为0.2%、2.9%和0.2%。越南工贸部相关人士表示，根据该国最新修订的能源发展总体规划，越南的风力发电总容量将在2020年增长到800兆瓦，2025年达2 000兆瓦，2030年达到6 000兆瓦。

3.2 澜湄国家能源可持续发展实践

3.2.1 柬埔寨甘再水电站可持续发展案例[①]

水电是柬埔寨电力的最主要来源。柬埔寨电力局 2016 年统计显示，柬埔寨电力主要来自水电，占 2016 年总电量的 46.84%；其次为火力发电，占 43.67%[②]。2011—2015 年，柬埔寨电力需求将以年平均增长率 9.94% 上升，2016—2020 年，平均增长率将达到 10.32%。至 2020 年，柬埔寨政府计划用 10 亿美元来开发电网系统，以满足全国大约 60% 无电使用的农民的需求，并计划到 2030 年让全国 70% 的人口用上电。2015 年，柬埔寨政府颁布的《2015—2025 工业发展计划》已经把增加电力供应、降低商业用电价格放在政府行动计划的首要优先事项。截至 2017 年，柬埔寨所有水电站均是中国企业投资或控股投资建设的，中资企业投资建设的水电、火电项目发电量约占柬埔寨全国发电量的 80%，在极大程度上缓解了柬埔寨电力供应不充足的状况[③]。

甘再水电站位于柬埔寨西南部大象山区的甘再河干流之上，在距离柬埔寨首都金边西南方向 150 千米的贡布省省会贡布市市外 15 千米处，项目所在地交通状况良好。大坝为碾压混凝土重力坝，水电站总装机容量为 19.32 万千瓦，年平均发电量为 4.98 亿千瓦·时。甘再水电站的主要功能是发电，同时具备城市供水及灌溉等辅助功能。该项目采用 BOT 模式实施，建设期为 4 年，运营期为 40 年，总投资额为 2.805 亿美元。2004 年 7 月，柬埔寨工业部对甘再水电工程进行 BOT 国际招标，中国水利水电建设集团国际工程公司顺利夺标。2005 年 7 月，中柬两国政府首脑出席项目备忘录签署仪式；2006 年 4 月

① 中国境外可持续基础设施项目案例集（2018）。
② Report on Power Sector of the Kingdom of Cambodia 2017 Edition,Electricity Authority of Cambodia, 2017。
③ 中资水电站“点亮”柬埔寨经济与民生，中国青年报，2017- 05-10。

8日，中国总理和柬埔寨首相共同出席开工仪式；2007年9月18日正式开工；2011年12月7日，甘再水电站8台机组全部投产发电，为柬埔寨经济社会发展提供了强有力的能源保障。

甘再水电站的建成，满足了柬埔寨贡布省和茶胶省全部电力需求，以及首都金边的部分电力供应，极大地缓解了柬埔寨国内电力紧张局面，为当地经济发展提供巨大支撑。该工程还有效调节了流域内的季节性旱涝问题，提高了下游防洪能力，保证下游农田的水利灌溉，减少水土流失，保护生态平衡，改善当地鱼类及野生动物的栖息环境。

甘再水电站建设时，充分考虑了项目的可持续性。首先，该项目建设过程采用本土化采购与消费，并聘请本土工人，很大程度上帮助当地解决就业问题，拉动地区经济发展。该项目的建设为当地提供超过万余人次的就业机会，组织技能培训覆盖3 000余人次，极大程度上提高了当地工人的专业能力。在运营期间，甘再水电站雇用本地员工100多人，实现员工本土化率64%。自建成以来，该项目不仅为柬埔寨提供了优质、可靠的电力供应，也为当地税收、就业等做出了突出贡献。其次，甘再水电站项目一直积极融入当地，包括进行本土化采购、尊重当地传统文化、积极推动社区建设等，获得了当地政府及居民的高度认可与欢迎。因此，甘再水电站项目在保障了基本的电力供应之外，还为当地社区捐赠道路、修建桥梁等，切实履行公司社会责任，改善了当地居民的生活条件。

甘再水电站建设期间，也充分考虑到当地自然生态环境。例如，在建设过程中提前考虑了当地的环境因素，除了严格控制污染外，项目公司还通过一系列措施来减少环境影响，并对项目环境影响进行修复和补偿。项目公司积极履行项目所在地的环保和生态恢复要求，多次组织开展环保宣传、渔业宣传和森林保护宣传等活动，并建成树木苗圃500平方米。2014年4—8月，项目公司委托柬埔寨专业环保评估公司（SAWC）进行调研，起草了《甘再项目环境保护5年规划（2015—2019）》并已实施。2015年9月项目公司获得所在地政府颁发的“环境保护、社会责任特殊贡献奖”，2016 年 3 月获得项目所在地渔业行政管理处颁发的“2015 年度渔业保护与资源恢复”的奖状。

3.2.2 中国糯扎渡水电站生态修复案例

澜沧江糯扎渡水电站位于云南省普洱市思茅区和澜沧县交界处的澜沧江下游干流上，是澜沧江中下游河段 8 个梯级规划的第 5 级。糯扎渡水电站水库正常蓄水位 812 米，死水位 765 米，汛期限制水位 804 米，装机容量为 5 850 兆瓦，保证出力为 2 406 兆瓦，年发电量为 239.12×10^8 千瓦·时，总库容 237.03×10^8 立方米，调节库容 113.35×10^8 立方米，为多年调节水库。水电站工程属大型一等工程，以发电为主，兼顾景洪市城市和农田防洪任务，并有改善航运、发展旅游业等综合利用效益。

3.2.2.1 水生生态环境保护措施及其效果

糯扎渡水电站水生生态保护措施主要包括开展鱼类网捕过坝、人工增殖放流和建立鱼类增殖放流站等，以及进行分层取水减缓水库下泄低温水对下游河道水生生物的影响。

（1）鱼类网捕过坝

为保证坝上坝下鱼类遗传交流，在糯扎渡水电站大江截流后实施网捕过坝。捕捞时间可选择在易于进行天然捕捞的春秋季。过坝鱼类见表 3-4。

表 3-4　鱼类网捕过坝实施情况

单位：尾

年份	中华刀鲇	中国结鱼	叉尾鲇	巨魾	云南青鱼	小计
2008	3 200	210	0	61	30	3 501
2009	4 500	20	0	54	37	4 611
2010	3 511	7	3 210	216	0	6 944
2011	6 970	150	520	1 100	148	8 888
2012	4 600	170	0	450	48	5 268
2013	10 430	0	0	1 251	393	12 074
2014	7 316	23	0	348	64	7 751
2017	5 300	16	0	240	0	5 556
合计	45 827	596	3 730	3 720	720	54 593

（2）鱼类增殖放流

人工增殖放流是鱼类资源补偿的一种实践措施。鱼类增殖放流站的主要工作任务为对开发河段野生亲本鱼类进行捕捞、运输、驯养、人工繁殖和苗种培育，对放流苗种进行标记，建立遗传档案，并实施增殖放流。鱼类增殖放流站除进行增殖放流任务外，还可以作为相关保护技术研究的平台以及进行鱼类资源的救护工作。在增殖放流站的建设和运行过程中，还可打造具有一定规模的生态园区。根据糯扎渡水电站环境影响报告及其批复意见的要求，确定放流对象为红鳍方口鲃、中国结鱼、后背鲈鲤、叉尾鲇、巨魾、中华刀鲇 6 种鱼类，共计 6 万尾 / 年（见表 3-5）。

表 3-5　糯扎渡鱼类增殖放流站设计放流规模

种类	体长 /（厘米 / 尾）	体重 /（克 / 尾）	数量 /（万尾 / 年）
红鳍方口鲃	3 ～ 5	2 ～ 4	1
中国结鱼	3 ～ 5	2 ～ 4	1
后背鲈鲤	3 ～ 5	2 ～ 4	1

种类	体长 /（厘米 / 尾）	体重 /（克 / 尾）	数量 /（万尾 / 年）
叉尾鲇	3～5	2～4	1
巨魾	3～5	2～4	1
中华刀鲇	3～5	2～4	1
合计	—	—	6

（3）建立鱼类增殖放流站

糯扎渡水电站鱼类增殖放流站场址位于业主营地，站址无泛洪、滑坡和泥石流，水源充足、水质良好，取排水方便、交通便利、地形较平坦，总面积约 1.33 平方千米，高程 695.5 米。建设亲鱼培育池面积 4 000 平方米，鱼苗、鱼种培育池面积 1 450 平方米，活饵料培育池（养殖退水）200 平方米，蓄水池 600 立方米，催产孵化和开口苗培育车间，综合楼，展示厅及生产辅助房。

糯扎渡水电站鱼类增殖放流站于 2010 年建成并开始投入运行。2012 年以来，每年六七月都会放入库区 200 余万尾鱼苗。据统计，目前糯扎渡库区内大约有 50 种鱼，其中投放的鲢鱼有很好的净水作用。同时鱼类增殖放流站还开展了红鳍方口鲃、中国结鱼、后背鲈鲤、叉尾鲇、巨魾以及中华刀鲇驯养和繁殖技术研究（图 3-4）。

图 3–4 人工增殖技术研究工作现场

（4）分层取水恢复下泄水温

水温是鱼类生存的重要环境因子之一，每种鱼类都有一个最适宜生长和繁殖的水温范围，高于或低于这个范围，鱼类的生存就会受到影响。澜沧江中下游鱼类种类较丰富，属温热带鱼类，产卵期通常在4—8月，这一时段的河道水温分布对鱼类的繁殖有重要影响。

高坝大库库区水温具有垂向分层特性，水库深层水温往往明显低于表层水温，若采取单层取水形式，电站引取低温水发电将导致下泄水温低于原天然河道水温，会对下游江段的鱼类产生不利影响。由于缺乏该江段每一种鱼类的适宜水温资料，且这些资料需要很长时间的实验和研究才能获得，因此目前环境影响评价单位假定4—8月糯扎渡电站坝址处天然河道水温（18.4～22.7℃）为工程所在江段鱼类产卵期的适宜水温范围。环境影响评价报告提出，4—8月若糯扎渡电站下泄水温低于18.4℃，则该江段鱼类的产卵繁殖就将受到不利影响。

糯扎渡水库坝前最大水深210米，库区回水长度21千米，属于具有下泄低温水影响的高坝大库。糯扎渡水电站在引水发电系统进水口处设置叠梁门，拟在需要提升下泄水温时，增加叠梁门挡水高度，引取水温相对高一些的上层水发电，增加下泄水温，以减缓下泄低温水对鱼类产卵繁殖的不利影响。

3.2.2.2 陆生生态及景观保护

糯扎渡水电站陆生生态及景观保护措施主要包括自然保护区保护措施、珍稀动植物保护措施、植被与景观恢复措施、水土保持措施等。

（1）自然保护区施工管理措施

工程施工阶段，施工总体布置未发生大的改变，在实际施工过程中通过优化各施工区平面布置，充分利用施工场地和施工时序进行施工临建布置，以减少施工占地面积。严格控制施工占地，施工场地布置均在环评阶段征地范围内。

施工期间，为防止施工人员随意进入自然保护区，在自然保护区边界设置了指示、警示牌和宣传标牌。除了警示人们注意保护动植物外，也用宣传标牌介绍自然保护区在生态环境保护与物种资源保护方面所起的作用与意义，以及进入保护区的相关规定。施工期间，通过环保宣传教育，加强各标段施工人员的环境保护意识，通过制度规定禁止随意进入自然保护区。

此外，工程施工期间加强了对施工噪声、废气等的管理，采用低噪声设备和工艺，无雨日进行了洒水降尘作业控制扬尘。减缓施工噪声和废气对自然保护区内动植物的影响。

（2）强化自然保护区管理

为切实加强糯扎渡省级自然保护区、威远江省级自然保护区管理力量，加强电站建设和运行期间对野生动植物的保护，建设单位在 2011 年与普洱市林业局签订了《糯扎渡、威远江保护区费用补偿合同》，以推动保护区的健康发展。主要工作内容包括：①完善保护区基础设施建设，编制《自然保护区综合管理计划》并严格执行，强化保护区的综合管理；②开展保护区管理方面的宣传，提高居民保护意识；③摸清保护区的本底资源；④建立数字化管理系统。

（3）建设珍稀植物园

为满足对珍稀植物进行迁地保护的相关要求，保护植物多样性，电站营地内建设了珍稀植物园，对库区内受淹没影响的各类珍稀保护植物进行迁地保护。

2010 年建设单位委托普洱市林业科学研究所开展珍稀保护植物的具体移栽工作，接受委托后普洱市林业科学研究所编制了《糯扎渡水电站库区珍稀植物定位调查以及迁地移植保护设计报告》，对库区珍稀植物开展了详细定位调查，提出具备迁地移植条件的植物名单以及移植地规划设计方案。

珍稀植物园占地面积 100 亩，其中珍稀植物园区 40 亩、珍贵植物园区 10 亩、苗圃区 15 亩、珍稀植被抚育区 35 亩。委托普洱市林业科学研究所负责受工程施工和淹没影响珍稀植物的移栽保护和种质资源保护工作，分期将珍稀保护植物移栽至珍稀植物保护园内。主要分2期实施：Ⅰ期移植区面积24亩，2008年7月开工建设，2011年5月完成；Ⅱ期移植区面积64亩，2009年6月开工建设，2014年8月完成；另外还包括引种培育苗圃区等。其中，Ⅰ期移植区划分为黑黄檀种植区、疣粒野生稻种植区、宽叶苏铁种植区、篦齿苏铁种植区、箭根薯种植区、红椿种植区、戟叶黑心蕨种植区及西南紫薇种植区8个种植区；Ⅱ期移植区划分为宽叶苏铁种植区、篦齿苏铁种植区、苏铁蕨种植区、千果榄仁种植区、合果木种植区、红椿种植区、勐仑翅子树种植区、金毛狗种植区、金荞麦种植区、大叶木兰种植区、西南紫薇种植区、小花龙血树种植区、喜树种植区、澜沧栎群落种植区、榆绿木群落种植区、江边刺葵群落种植区16个种植区。

珍稀植物园中设有15亩的苗圃区。建设单位委托普洱市林业科学研究所（其拥有种质资源冷藏库1座）开展库区珍稀植物物种的采集和保存、引种培育、苗圃区的运行和管理等工作。主要保存和培育的物种包括宽叶苏铁、篦齿苏铁2种国家一级重点保护植物，黑黄檀、红椿、金荞麦、勐仑翅子树、千果榄仁、大叶木兰、合果木等国家二级保护植物。

截至目前，共移栽国家一级保护植物宽叶苏铁和篦齿苏铁2种共224株，国家二级保护植物金毛狗、苏铁蕨、合果木、千果榄仁、黑黄檀、红椿、大叶木兰等共7 615株，其他珍稀植物顶果木、西南紫薇、箭根薯等共计985株；种植江边刺葵、澜沧栎、榆绿木群落36亩，野生植物4 620株。

（4）建设珍稀动物救护站

珍稀动物救护站于2009年10月开工建设，2010年4月建设完成并通过验收。站址位于业主营地内大中河北岸，总占地面积为10 063平方米，总房屋建筑面积1 690.9平方米，包括生产楼、隔离间、饲料间、笼舍等。

在动物救护站未建成前，建设单位委托施工区警务站负责枢纽区及周边受伤动物的收救和暂养工作，对受施工影响的野生动物进行救护保护，救护过的野生动物有蜂猴、猕猴、豹猫、果子狸、孔雀、斑鸠等。

2010年4月动物救护站建成后，建设单位委托普洱市野生动植物繁育救护中心开展库区及枢纽区野生动物的收救、暂养及放生工作。结合库底卫生清理工作，珍稀动物救护站制订了野生珍稀动物救护计划，并协调水库淹没涉及的相关县（区）林业局、森林公安局、林业站等共同实施珍稀动物的救护。珍稀动物救护站的工作人员和工程环保专职人员加强联系，对工程施工过程中和库底清理过程中遇到的野生动物进行救护，同时建设单位与中科院昆明动物研究所建立长期合作，使其对动物救护过程中的物种鉴定、收救、暂养工作进行技术指导；施工期和试运行期间，救护站作为普洱市林业局的珍稀动物救护站和珍稀动物繁育中心，为区域珍稀动物保护发挥着作用。

图 3–5　动物救护站放生珍稀动物

普洱市林业局对珍稀动物救护站收救、暂养的动物进行疫病检查，选择了部分体质较好的动物进行了野化训练，通过对糯扎渡自然保护区实地深入考察，2011 年 7 月，选择食物、水源、植被保护条件好，受人为活动影响小的区域进行野生动物的放生工作，经普洱市畜牧局检疫人员检疫合格，放生了救护的部分野生动物，主要有 1 只黑熊、3 只蜂猴、7 只猕猴、1 条眼镜蛇、1 条黑眉锦蛇、1 只黑领噪鹛、1 只山斑鸠、1 只夜鹭等。

（5）植被与景观恢复措施

在糯扎渡水电站枢纽区、施工场地、场内施工道路、存弃渣场、土石料场、业主营地等区域开展植被与景观恢复工作。

图 3-6　存弃渣场区植被恢复实施情况

3.2.2.3 小结

糯扎渡电站总装机容量 585 万千瓦，电站年发电经济收入达 51.64 亿元，可为社会创造年产值 1 473 亿元，一定程度改善了能源利用结构、提高了梯级电站的保证出力，可有效拦沙防洪，发展库区航运，同时改善了下游通航条件和旅游业，带动了社会经济发展。但工程建设也带来了一些不利环境影响，其主要包括大坝对鱼类等水生生物的阻隔、水库淹没损失、施工占地、施工期“三废”及噪声污染，以及由征地移民安置产生的次生环境影响等。

在大坝阻隔和水库淹没损失方面，工程建设对当地生态环境具有较大不利影响：阻隔造成水生生物生境的分割，已建梯级电站的叠加影响使生境进一步破碎化；水库淹没和工程运行将使库区及坝址下游水文情势较天然河道发生很大的变化，库区水生生物的种群结构发生变化，下游水温和径流时间分配发生显著变化；移民安置和基础设施的重建对当地生态环境产生较大影响。建设者通过采取建设鱼类增殖放流站养殖、人工放流珍稀鱼类，通过在珍稀植物迁地保护和移民安置过程中防治水土流失、恢复植被等措施，针对性地减缓了这些不利影响。采取相关措施后，虽然并不能完全消除大坝阻隔、水文情势改变造成的一些生态损失，但其他方面的影响可得到较大程度的减小。

3.2.3 泰国薄膜光伏太阳能发电

泰国的电力生产严重依赖传统燃料，其中 69% 使用天然气生产，21% 使用煤。天然气虽然可以提供可靠和低成本的电力来源，但本国日益增长的用电需求和日益减少的天然气储量意味着泰国必须实现多样化的能源结构，确保可持续发电。幸运的是，泰国拥有丰富的可再生能源，包括生物质能源、太阳能和风能等。开发这些可再生能源可以帮助提升泰国的能源安全水平，节省外汇，保护泰国免受全球能源市场价格波动的影响。

作为促进泰国能源结构多样化和国家可再生能源战略的一部分，泰国政府在《替代能源发展计划（2012—2021）》中修订了发展可再生能源目标，即根据国家能源政策委员会在 2013 年 7 月批准的修订比例，泰国政府致力于实现到2021年能源消费总量的25%来自可再生能源。

为了实现可再生能源战略，泰国能源部主张通过支持小型电力生产商（SPP）和超小型电力生产商（VSPP）的计划来实现分散式发电。SPP计划允许私人开发商参与建设，私人开发商可以建设和运营10～90兆瓦的电力项目，并与泰国国家电力局（EGAT）签订电力购买协议（PPA）。根据VSPP计划，达到10兆瓦的生产商可以向首都电力局（MEA）或外府电力局（PEA）出售电力。可再生能源SPP和VSPP都有机会获得价格激励，可以享受批发电价优惠。

基于此，2010年4月16日，亚洲开发银行董事会批准向天然能源开发公司（NED）提供最高达7 000万美元等值的泰铢和200万美元的清洁能源赠款，为泰国太阳能光伏发电项目提供融资资助，在泰国中部建设一座55兆瓦的薄膜光伏太阳能发电厂。

在这座太阳能电站中，不是使用硅晶体制成的通常的太阳能电池，而是使用薄膜光伏太阳能电池。之所以选择薄膜技术是因为薄膜太阳能电池的生产成本低于其他类型的光伏电池，同时该技术适合泰国的气候，因为它不需要非常完美的日照条件。有云和阴天时产生的散射光虽然不能集中，但仍能在薄膜光伏板上产生能量。除了辐照，薄膜太阳能电池在平均温度较高的气候条件下也具有更好的比较性能优势。

亚洲开发银行将此确定为鼓励和展示泰国私营部门商业开发太阳能发电厂的可行性和可持续性项目。由于在融资初期，泰国可再生能源监管框架尚未经过测试，多家商业银行在提供项目资金支持方面比较迟疑。亚行在促进项目能够得到长期商业融资方面发挥了主导作用，最终吸引了包括曼谷银行和暹罗商业银行等在内的多家当地贷款合作伙伴促成了项目融资。在亚行碳市场倡议的帮助下，该项目最终能够在清洁发展机制（CDM）与联合国《气候变化框架公约》下完成登记和预审，认证减排量。泰国太阳能光伏发电项目于2012年3月正式实现商业运营，项目比预计时间提前建成，并成为当时亚洲最大的太阳能发电厂，也是世界上最大的薄膜太阳能发电项目。

天然能源开发公司是泰国一家可再生能源开发商，由中华电力（CLP）、Diamond Generating Asia（三菱的全资子公司）和泰国首家独立电力提供商Electricity Generating Public Company联合所有，每家公司各持有33.33%的股份。泰国国有公用事业公司（EGAT）购买了该项目生产的所有电力，EGAT在电力市场行业的主导地位和关键作用为项目的成功运营提供了极大的支持，间接反映了泰国政府对于可再生能源项目的支持，政府为项目提供优惠政策和支持的承诺以及法律和监管框架的执行力度，是项目得以顺利开展的有力保证。

在预计时间范围内提前完成是该项目的一个亮点。项目于2011年12月实现第一阶段商业运营，到2012年3月实现了全部商业运营。按融资协议的规定，到2012年9月该项目已经成功进行了近一年的运营，2013年5月又扩大了8兆瓦，并于2014年启动了屋顶太阳能发电项目。

亚洲开发银行对泰国太阳能光伏电站进行的项目建成后评估认为，该项目达到或超过了项目建议书中提出的所有发展目标，项目成功投产了55兆瓦的可再生太阳能，将泰国的太阳能发电容量提高到95兆瓦以上，每年提供超过80 000兆瓦·时的清洁电力，每年减少50 000吨温室气体排放，降低太阳能的发电成本，在建设和运营期间雇用了490多名职工，取得了积极的经济效益和社会效益。

该项目同时证明了私营部门的发展能力和对可再生能源发展的贡献。这是泰国第一个私营部门参与大规模公用事业的项目，证明了该项目运作管理模式无论在技术上，还是在财务上都具有可行性和可持续性。与其他形式的发电项目相比，太阳能是一种清洁技术，可显著减少温室气体、有害污染物，降低噪声，同时更清洁的空气和更低的碳足迹能为人们提供更健康、更可持续的生活条件。

该项目在企业社会责任计划方面也设定了高标准，为居住在周边农村社区的非技术工人创造了就业机会，在为当地社区提供改善生计机会的同时促进可再生能源发展，因此该项目也吸引了全世界媒体的关注。

该项目的环境、社会、健康和安全绩效在亚行的评级中被评为优秀。亚行认为该项目的实施水平超出了东道国的法律法规，符合亚行的保障政策声明。该项目的投资盈利能力方面也被评为优秀。该项目在预计时间内提前完成，符合所有财务契约，并能及时支付利息和本金，项目财务健全。

3.2.3.1 项目潜在的环境影响及应对措施

该项目在环境管理方面需要遵循泰国针对大气污染、水污染、噪声污染和固体废物污染防治等方面出台的相关法律法规以及亚洲开发银行对基础设施项目建设时提出的环境要求。该项目必须设有专门的执行机构和实施机构以确保项目环境措施的顺利实施。在项目施工前期，项目单位需要深入开展实地勘察和调查研究，以确认潜在的环境影响，收集和环境管理相关的基线数据，并制订周密的环境修复计划及与此相关的实施计划，以确保相关措施得以落实。

在项目贷款生效前，项目必须建立环境保护措施和相关修复措施的监测和评价体系，并要求每季度或每半年出具相关技术报告。在项目前期工作中，要求必须注重项目产生的社会和环境影响，并通过完善的机制保证各种环境影响和社会影响得到识别，并制定切实可行的措施强化其中的有利影响，减免其中的不利影响。与此同时，项目准备和实施阶段必须与受影响群体开展咨询和征询工作，并公开项目信息。针对项目可能产生的潜在环境影响，需制订环境管理计划并包含以下几方面的内容：建议的缓解措施、环境监测和报告要求、紧急的应变程序、相关的机构或组织安排、能力建设和培训措施、实施进度以及成本估算和业绩指标等。而其中最重要的要求是关键的环境影响消减措施，以及监测内容以及环境管理计划实施的机构安排和职责，必要时还要包括进行公众咨询和环境友好采购等特定要求。

该项目的环境保护目标主要集中在地表水质量控制、空气污染控制、噪声污染控制和固体废物排放控制等方面。在地表水质量控制方面，由于项目生产地点周边有污水处理厂，项目厂区采取雨污分流和清污分流措施，雨水经由雨水管排入市政雨水管网，工艺清洗废水、含镉废水及生活污水经废水处理站处理后达到电池工业污染物排放标准和排放限值后才能排入市政污水处理厂处理，所有污水都有集中排放处理措施，以确保项目产生的污水、废水排放入接纳水体后，其功能不受影响。

在防止空气污染方面，确保周边社区不受项目直接或间接活动排放尾气和废气污染物的影响。薄膜太阳能项目工业废气排放主要为工艺废气、备用柴油发电机废气、运送物资车辆运行产生的尾气。项目工艺废气排放量少，主要包括工艺尾气和粉尘，经过脉冲布袋除尘器处理后排放。项目的酸碱废气产生量小，酸碱废气一同处理，产生的废气经抽风机至喷淋吸收塔，作吸收处理。有机废气主要来源于涂封边胶、层压、固化等过程，工程设有有机废气收集装置，收集的废气经活性炭过滤器过滤处理后排放，极少量以无组织形式排放。项目中产生的臭气源为废水处理站调节池、污泥池及生化处理中的臭气。所有产生臭气的地方均采用加盖和密闭处理，废气处理采用喷淋洗涤加生物除臭工艺，处理后污染物浓度满足排放标准，经由排气筒排放。

在噪声污染控制方面，项目确保社区周边居民不受项目噪声干扰的影响，噪声源主要为冷冻机组、空压机、真空泵、水泵、应急柴油发电机等动力设备运行产生的声音。通过对各噪声源采取室内布置减震隔声装置等措施进行噪声防治，对货物运输噪声，通过改善运输路面、优化运输路线、避免夜间运输等措施进行防治。项目施工期间噪声污染对周边环境的影响为短时期和可控的，并且可以随着项目建成后自行消失。

在项目建设和运营期间产生的固体废物包括一般工业固体废物、危险废物以及生活垃圾。项目运营期间，危险化学物品由生产厂家定期直接供应，现场仓库中存储量较少，且各化学物质存储量均低于规定的临界量，该项目所在区域不属于环境敏感地区，非重大危险源。固体废物排放要求有集中堆放空间和收运处理设施，并定期进行清理，可确保不污染周边环境。

3.2.3.2 项目的环境、社会、健康和安全绩效表现

该项目的环境、社会、健康和安全绩效被亚洲开发银行评为优秀。在建设期间，项目就对空气、水、噪声水平以及职业和社区健康与安全进行监测和评估，按照国家法律要求，项目独立工程师需通过实地考察和与相关合作伙伴的联席会议验证每月施工进度，并报告，在建设和运营之前，项目获得了法律要求的许可证。该项目取得《京都议定书》清洁发展机制（CDM）下的碳信用额度。

该项目开发区域不涉及国家森林保护区和野生动植物保护区，项目区没有发现濒临灭绝的动植物物种。由于施工期短，项目对空气质量产生的不良影响，以及噪声影响是局部的和暂时的。该项目在运行期间也没有产生明显有害的大气排放物、污水或固体污染物。天然能源开发公司负责在运营期间继续实施环境、健康与安全管理计划。NED 还雇用了第三方环境监测顾问，协助对所需环境参数进行取样和测试。在施工和运行期间，空气质量、水质和噪声水平的测量均符合泰国国家标准。项目对地下水利用的影响很小，由于所选择的太阳能电池配备有可吸收太阳光的薄膜层和防止光反射的镜子，因此对能见度的影响很小。

项目的建设用地不涉及当地社区居民用地，因此没有社区搬迁或土地利用方式改变的问题。项目在建设和运营期间为居住在周边社区的非技术工人创造了就业机会，帮助改善了周边学校条件，增加社区的生计机会。项目公司与当地社区以及距离项目地方圆 5 千米的 3 所学校建立了合作关系，为当地学生提供了 150 份奖学金，为学校捐赠图书馆、电脑和太阳能电池板，开展可持续能源青年营活动，并建造了一个 750 平方米的博物馆，向公众宣传当地自然文化遗产和可再生能源。

在支持社区发展方面，项目帮助建立了一个由当地社区 30 名成员组成的储蓄小组，帮助该小组制订创业计划并生产和销售当地产品（如洗发水）。

项目公司还支持农民了解可持续农业和有机农业种植方法，开展有机农业实践，原有的贫瘠农田逐步转变为高效、有生产力的有机农场，项目支持的太阳能电池板还为农场电动灌溉泵提供电力。另外在合作学校 Baan Kao Tian 开发可再生能源课程，该课程促进可再生能源知识纳入学校各级课程的主流化过程，2014 年得到由泰国能源部和教育部举办的全国可再生能源竞赛“生命能源”奖。项目公司支持学校 60 块太阳能电池板，可以支持学校照明和电扇运行，帮助学校每月节省约 84 美元的电费。电动水泵为学校 6 个地块的药草园提供动力洒水装置，这些地块为学生的午餐提供蔬菜。除了与当地社区和学校建立伙伴关系外，项目公司还建立了一个太阳能发电厂内的可再生能源学习中心。该中心向公众开放，旨在通过多媒体和其他环境教育手段向游客介绍当地自然文化遗产和可再生能源利用进程。

亚洲开发银行在泰国支持的太阳能光伏发电项目无论在经济效益、环境保护和企业社会责任方面都达到了业界较高水平，成为行业标杆，对于进一步促进东南亚区域太阳能光伏发电和可再生能源发展都具有积极的意义。

3.2.4 越南芹苴垃圾发电项目

芹苴生活垃圾焚烧发电厂工程位于越南在湄公河三角洲上最大的城市芹苴市，该市离胡志明市 170 千米。该项目由光大国际以 BOO 模式建设投资与运行，总面积 5.3 公顷，投资额约 4 700 万美元，此项目是越南第一座无害化、减量化、资源化的垃圾发电项目，旨在打造湄公河三角洲绿色标杆。

该项目由光大集团旗下的光大国际投资、建设和运营，总投资额逾 3.04 亿元。项目年处理生活垃圾规模 14.6 万吨，年提供绿色电力约 6 000 万千瓦 · 时，可实现年节约标准煤 2.5 万吨，减排二氧化碳 1.04 万吨，满足约 8 000 户普通居民一年的生活用电。

该项目于 2017 年 6 月动工兴建，经营期为 22 年（含建设期）。2018 年 11 月 26 日，该项目投产并网发电。截至 2019 年 2 月，芹苴生活垃圾焚烧发电厂已处理生活垃圾5.67万吨，占芹苴市同时段清运垃圾总量的60%，提供绿色电力1 243万千瓦·时，满足近1 700户普通居民一年的生活用电。

该项目拥有先进的垃圾焚烧工艺，将解决当地生活垃圾填埋处置设备落后、环境污染严重的现状，有助于芹苴市生活固体废物处理规划的稳步推进。每天都有数百吨来自芹苴市的生活垃圾被卡车运到这里，经全自动称重后卸至封闭式垃圾仓，堆放发酵5～7天后，再被送入温度950摄氏度以上的焚烧炉，经干燥、加热、分解、燃烧等流程，最终产生可供周边企业利用的绿色电能，在提供清洁能源的同时，也为当地带去一片蓝天。

芹苴生活垃圾焚烧发电厂作为越南投产的第一座现代化垃圾发电项目，是中越合作的重要成果，更是共建绿色"一带一路"的鲜活实践。为了让项目"经得起看、经得起听、经得起闻、经得起测"，公司通过垃圾仓负压控制，将全厂臭气集中收集送入焚烧炉，做到无臭气外溢；以喷射氨水脱氮、干法及半干法脱酸、活性炭喷射、双覆膜布袋除尘等手段净化烟尘；物理和生化措施"双管齐下"，实现垃圾渗滤液全部再利用、零排放；就连燃烧剩下的炉渣，经清洗、分选和收集后，也可再次综合利用。

该项目还在厂区大门外通过LED屏幕对外公示各项烟气数据，并实时向当地环境监管部门发布。烟气在线监测指标日均值均达到欧盟相关标准，受到越南有关部委和芹苴当地政府的高度认可。

在给当地提供清洁能源的同时，芹苴生活垃圾焚烧发电厂还吸纳了芹苴本地及周边地区112人就业，占项目工作人员的90%以上。光大芹苴项目副总经理陈伟表示，为了提升当地垃圾焚烧发电产业整体水平，中方投资企业在当地挑选了20名骨干员工赴中国接受专业培训，目前他们已经成为相关领域的技术带头人。

据越南《经济时报》2019年2月26日报道，越政府总理又批准将后江和富寿两省的垃圾发电项目补充列入国家电力发展规划。其中，后江垃圾发电项目功率为12兆瓦，一期项目6兆瓦已投入运营，二期项目于2024年投入运营。后江垃圾发电厂将通过22千伏线路并入国家电网。富寿垃圾发电项目功率为18兆瓦，一期项目于2020年运营，二期项目于此后第6年投入运营。该电厂将通过110千伏线路并入国家电网。

芹苴垃圾发电项目提供了一种有效且环保的方案，为面临着固体废物处理难题的亚洲城市提供了清洁可靠的能源，同时帮助各国减少对化石燃料的依赖。

3.3 澜沧江 – 湄公河流域能源可持续基础设施展望

3.3.1 鼓励发展清洁能源，减少温室气体排放

随着国际社会对保障能源安全、保护生态环境、应对气候变化等问题日益重视，加快开发利用可再生能源已成为世界各国的普遍共识。因此，让清洁能源充分发挥其缓解气候变化和助力社会绿色发展的作用，已成为我们共同的愿景。把经济发展、清洁能源开发利用与环境保护有机结合，切实推进清洁能源优先发展战略，加强对清洁能源的政策倾斜，鼓励节能减排，提高对气候变化的适应能力。

3.3.2 妥善处理水电开发与生态环境保护的关系

随着湄公河流域国家在水资源利用与保护问题上的分歧加剧，澜湄国家之间水资源合作与生态环境保护机制仍存在距离。因此，在水电及其他清洁能源开发过程中应坚持绿色、和谐、可持续的开发理念，精心统筹资源开发

与生态环境保护、人民生计之间的关系，切实做好水电等资源开发的可持续发展，努力实现资源开发与生态环境保护以及当地社区的全面、协调、可持续发展。

3.3.3 坚持互利共赢的原则

清洁能源为人类提供生产生活所需动能的同时，对减少碳排放起着不可替代的作用。加强全球能源治理，发展清洁、高效的能源，是我们应对大气污染、保护生态环境的重要途径。未来，进一步传播低碳理念，深化区域各国之间的务实合作，推动互利共赢，为推动落实联合国 2030 可持续发展目标做出更大的贡献。

3.3.4 加强澜沧江－湄公河流域各机制协调统一

近年来，随着澜湄合作机制的逐步开展，澜湄合作机制与其他机制之间的沟通协调问题日益受到各利益相关方关注。该区域具有丰富的清洁能源资源，建议未来将能源开发与区域发展、生态环境保护等方面结合起来，共同推动区域绿色、可持续的能源开发与利用。

4 澜湄国家产业园与绿色发展趋势

4.1 工业园区绿色化与可持续发展全球趋势

2012年6月，联合国可持续发展大会在巴西里约热内卢召开，大会主要聚焦两个主题：绿色经济在可持续发展和消除贫困方面的作用与可持续发展的体制框架。绿色经济作为大会的主要议题之一，是指一种旨在提高人类福祉、使最广大人群充分享有经济发展成果，同时又能显著减少人类活动对环境不良影响的经济模式。其本质是以生态、经济协调发展为核心的可持续发展经济，是以维护人类生存环境、合理保护资源、有利于人体健康为特征的经济发展模式，是一种平衡式经济。在这种经济模式下，环保技术、清洁生产工艺等众多有益于环境的技术被转化为生产力，实现经济的可持续增长，并最终消除贫困。因此，发展绿色经济已经成为当今世界的一个重要趋势。国际社会普遍认识到，发展绿色经济不仅可以节能减排，而且能够更有效地利用资源、扩大市场需求、创造新的就业，是保护环境与发展经济的重要结合点。绿色发展还需要“绿化”工业、城市、建筑、交通等方面。这些大规模的物质层面的绿色建设和改造为绿色发展提供了巨大的机会和空间。

工业园区是城市化推进的重要平台，也是经济发展的重要引擎，是工业集约集群发展的典型战略。发展工业园区的优越性体现在：①促进科技成果转化，发展高新技术及其产业；②聚集各种生产要素，提高工业化的集约度；③改善城市规划布局，优化城市管理。绿色工业园区作为绿色经济发展的重要载体，是未来实现区域绿色经济发展的关键所在。绿色工业园区是指以可持续发展理念、清洁生产要求、循环经济理念和工业生态学原理为指导，通过物质流或能量流传递等方式寻求物质闭路循环、能量多级利用和废弃物最少化的途径，从而形成资源共享和副产品互换的产业共生组合，最大限度地提高资源能源利用效率，从工业生产源头上将污染物的产生降至最低的一种新型工业园区。

绿色工业园区的雏形是丹麦的卡伦堡工业园区。卡伦堡是一个仅有 2 万居民的工业小城市，位于北海海滨，位于首都哥本哈根以西 100 千米左右。20 世纪 60 年代初，这里的火力发电厂和炼油厂已经开始了产业生态方面的探索，当时园区内的阿斯内斯电厂改变了其传统的运行规律，把一部分热量送到附近的斯塔托伊尔炼油厂，形成“热电联产”。随着时间的推移，卡伦堡的主要企业开始相互交换“废料”——电厂向炼油厂和药厂等供应水蒸气，多余热量还供应一个养鱼场，而鱼塘的污泥可回收作为肥料；炼油厂过量的高硫瓦斯被加氢脱硫，成为硫黄被回收，成为一家硫酸厂的原料，并把清洁的瓦斯卖给电厂，节省了煤炭；电厂利用石灰将本来要造成污染的烟道气中的硫脱除，产生硫酸钙直接卖给墙板厂代替石膏；电厂的飞灰等废物被利用，用于筑路和制造水泥。应该说，卡伦堡工业园区实际上已经形成了一种“工业共生体系”，这一体系体现了其环境和经济优势，即减少资源消耗，减少造成温室效应的气体排放和污染，使废料得到了重新利用。虽然卡伦堡产业生态系统的形成是一个自发的过程，而不是遵循某一人为的预先设计，但它的成功展示了产业生态应用的前景。

由此可见，绿色可持续发展是全球工业园区演变的重要趋势，绿色工业园区展现了工业建设的美好前景，使工业建设的环保工作跃上了“经济环境双赢”的新台阶，实现了新跨越。

4.2 澜湄国家工业园区发展概况

4.2.1 柬埔寨经济特区

柬埔寨于2005年设立经济特区。2005年至今，柬埔寨政府通过柬埔寨发展理事会原则上批准成立的经济特区共有45个，其中只有21个经济特区得到了由总理府发出的“政府令”，得以运营。获批成立经济特区主要在国公省、西哈努克省、柴桢省、卜迭棉芷省、茶胶省、干拉省、贡布省、磅湛省和金边市。经济特区的主要投资企业来自中国、日本、马来西亚和新加坡，投资项目涉及服装、鞋子、电子、农产品加工等。西哈努克省经济特区数量最多，包括中国江苏红豆集团与柬埔寨国际投资开发集团合资建立的西哈努克港经济特区。

2005—2017年，一共有280家工厂在柬埔寨境内的14个经济特区入驻，其中大多数的工厂在西哈努克省经济特区入驻，紧接着是在柬埔寨—越南边境的柴桢省巴域市经济特区、柬埔寨—泰国边境的国公省经济特区入驻。

目前，在柬埔寨的经济特区中，有14个经济特区的运营较为活跃，创造了超过8万人的就业机会。近年来，工业园区投资增长是因为柬埔寨拥有更吸引人的投资条件，包括比泰国低两倍的劳工成本、免税待遇。但在柬埔寨投资还面临许多挑战，包括高昂的水费和电费。为此，柬埔寨政府正努力推动水电站等发电站项目投资。

为了更加充分地利用柬埔寨政治稳定、经济自由、人口红利、资源丰富等优势，进一步主动承接东亚、东南亚、南亚等区域内劳动密集型产业的转移，通过提供优质高效的各项服务，如货物通关、检验检疫、综合物流、金融保险、劳务培训等，引进更多外商投资，进一步拉动柬埔寨经济发展，提升人民生活水平，柬埔寨设立西港环保工业特区。这是由柬埔寨政府环保部核准的、唯一的环保减排特别工业区。园区内建设有规范的大型排污处理中心及符合国际标准的检测中心。园区规划包括工业区（生产加工区域，以皮革、纸浆、五金等产业为主）、综合生活配套区（员工住宅、商业、娱乐）、商务区（办公、会议、交易中心、综合行政服务中心、园区物业管理中心）和污控中心等。

4.2.2 中国经济技术开发区

中国经济开发区，从广义来讲主要包括经济特区、经济技术开发区、保税区（又称自由贸易区）、高新技术产业开发区、国家旅游度假区、综合开发区以及国家综合配套改革试验区，它们虽都具有享受特殊经济政策的共同特性，但相互之间也有明显的差别。从狭义来讲，主要是经济技术开发区和高新技术产业开发区等。中国设立经济开发区主要有三大背景：第一，接纳国际资本和产业转移的需要。初衷主要是吸引外资、引进先进的制造业，扩大出口创汇，替代先进材料和零部件的进口。第二，特区成功经验的推广和放大。在沿海城市设立经济技术开发区是特区试验成功后对外开放战略的组成部分。第三，充分发挥沿海港口城市的优势，是将对外开放与发挥国内工业基础作用相结合的尝试。

经济开发区是中国大陆为实行改革开放政策而设立的现代化工业产业园区，主要解决中国大陆长期存在的审批手续繁杂、机构叠床架屋等制约经济社会发展的体制问题。国家级经济技术开发区是由国务院批准成立的，在中国现存经济技术开发区中居于最高地位。国家级经济技术开发区是中国对外开放地区的重要组成部分，大都位于各省、市、自治区的省会等中心城市，在沿海开放城市和其他开放城市划定小块的区域，集中力量建设完善的基础设施，创建符合国际水准的投资环境，通过吸收利用外资，形成以高新技术产业为主的现代工业结构，成为所在城市及周围地区发展对外经济贸易的重点区域。其有利于促进区域经济协调发展，有利于国有经济结构的进一步优化，进一步提高吸收外商投资的质量，引进更多的先进技术。

4.2.2.1 中国经济开发区发展历程①

国家级开发区可以划分为 4 个阶段。

第一阶段（1984—1991），创业起步时期。

1984—1988 年，国务院批准在沿海 12 个城市建立 14 个国家级开发区。在这一阶段，中央对开发区的政策支持，主要不是体现在直接给予资金的资助，而是体现在给政策、给自主权。一方面，开发区发展基础薄弱，建设资金短缺；另一方面，外资进入中国尚处于试探和观望阶段，所以这一阶段各开发区总体发展成绩并不尽如人意。到 1991 年，14 个开发区总共实现工业产值 145.94 亿元，税收 7.90 亿元，出口 11.40 亿美元，合同利用外资额 8.14 亿美元，实际利用外资 3.61 亿美元，截至 1991 年年底累计利用外资 13.74 亿美元。引进项目也主要是劳动密集型的中小企业，技术含量低，技术转让或技术转移很少发生。

但是在这一阶段，各开发区大胆探索，艰苦奋斗，为下一阶段的大发展奠定了基础。第一，探索出具有中国特色的“资金大循环”开发区基础设施建设模式，具备了加速发展的物质基础；第二，逐步建立并完善了开发区管理的基本模式与法规体系；第三，在“四窗口”（技术的窗口、管理的窗口、知识的窗口和对外政策的窗口）发展宗旨的基础上，确立了“三为主，一致

①2018—2023 年中国经济开发区建设与招商引资策略分析报告，前瞻产业研究院，2017。

力”——以发展工业为主、以利用外资为主、以出口创汇为主和致力于发展高新技术产业的发展方针；第四，培育了一批从事开发区管理与招商引资的人才。邓小平同志1986年视察天津开发区时，题写了“开发区大有希望”。

第二阶段（1992—1998），高速发展时期。

1992年，邓小平到南方视察并发表重要谈话，国家实施扩大开放战略，在开放地域上，从80年代沿海城市扩大到沿江（长江、黄河、珠江等）、沿边（境）和内陆省会城市；在开放领域上，从生产领域扩大到金融、贸易等服务领域，呈现出全方位对外开放的态势。顺应这一战略，开发区在数量和规模上有了很大的扩展，掀起了对外开放和引进外资的新一轮高潮。1998年，首批14个国家级开发区总共实现工业产值1 869.09亿元，税收131.16亿元，实际吸收外资32.52亿美元，平均年增长率分别达到了32.5%、38.8%和36.9%。

首先是跨国公司开始取代了中小资本的主体地位，美国摩托罗拉、法国太平洋炼油、美国宝洁、韩国三星等一大批投资几亿美元甚至十几亿美元的大项目纷纷进入国家级开发区。其次是引进项目的技术含量和技术水平明显提升，直接推动了中国工业现代化的进程。国家级开发区已成为外商投资的最大热点，成为所在城市的重要经济增长点。经济技术开发区被视为一种成功的经济发展模式，其示范作用日益显现，国内掀起了建设开发区的热潮。国家级开发区由最初的14个增加到32个。

第三阶段（1999—2002），稳定发展时期。

在这一阶段，中国开始实施西部大开发战略。国家批准了中西部地区省会、首府城市设立国家级开发区，使国家级开发区和享受国家级开发区政策的工业园区增加到53个。

一方面国家级开发区基础更加雄厚，投资环境相对优势更加突出，一些开发早、规模大的国家级开发区功能不断完善，从早期纯粹的工业园区变为兼具居住、服务等多种功能的城市新区。另一方面，政策与体制环境的变化、国家级开发区功能的变化以及外部竞争的加剧，都对国家级开发区原有的发展模式提出了挑战，国家级开发区面临“第二次创业”的新任务。

1999 年，吴仪副总理在庆祝开发区 15 周年座谈会上，较为系统地阐述了开发区第二次创业理念的内涵。归纳起来，主要有以下几点含义：一是优化产业结构，不断提高开放型经济水平；二是坚定不移地走以内涵为主的发展道路；三是充分发挥开发区的示范和辐射作用，带动区外特别是中西部地区的发展；四是建立和完善社会主义市场经济新体制。总之，开发区二次创业就是要从依靠政策优惠转为依靠已经形成和进一步完善的投资环境，特别是由社会主义市场机制、人才培训、服务和效率等因素构成的投资环境吸引外商。

第四阶段（2003 年至今），科学发展时期。

中央提出科学发展观以来，国内外形势正发生深刻变化，中国经济社会发展进入了一个新阶段，迎来了重要发展机遇与挑战，国家级开发区也开始步入科学发展时期。2004 年，在国家级开发区创建 20 周年之际，温家宝总理做出重要批示，在新的发展阶段，国家级经济技术开发区建设必须贯彻落实科学发展观，努力实现经济体制和经济增长方式的转变。要严格执行国家关于经济技术开发区的各项政策，认真总结经验，更加注重结构调整和优化升级，更加注重引进技术和开发创新，更加注重开发项目的质量和效益，更加珍惜和合理利用土地，防止盲目追求数量和规模，努力提高国家级经济技术开发区的发展水平。

调整开发区的发展方针为“三为主、二致力、一促进”，即以提高吸收外资质量为主，以发展现代制造业为主，以优化出口结构为主，致力于发展高新技术产业，致力于发展高附加值服务业，促进国家级经济技术开发区向多功能综合性产业区发展。提出开发区的奋斗目标即“六个成为”：努力建设成为促进国内发展和扩大对外开放的结合体；成为跨国公司转移高科技高附加值加工制造环节、研发中心及其服务外包业务的重要承接基地；成为高新技术产业、现代服务业和高素质人才的聚集区；成为促进经济结构调整和区域经济协调发展的重要支撑点；成为推进所在地区城市化和新型工业化进程的重要力量；成为体制改革、科技创新、发展循环经济的排头兵。

4.2.2.2 中国经济开发区发展现状

新时期经济开发区的奋斗目标体现了其作为国家战略实施载体，在国家现代化建设历史进程中起到的更为丰富、重要的作用。发展现状主要体现在：

（1）经济开发区进入科学发展期，全国数量 219 家

1984—1988 年，经过国务院批准，首先设立了 14 个国家级经济开发区；到 2014 年，中国共设立 215 个国家级经济技术开发区；自此以后，国家开发区的审批更为审慎，截至 2018 年 10 月，全国经开区共 219 家。

（2）对经济发展贡献高，已成为经济增长助推器

自改革开放以来，中国经济开发区对国家经济发展发挥了重要的推动作用，对中央财政和地方财政均具有重大贡献。2011—2017 年中国经济开发区生产总值不断提升，平均 GDP 增长率远高于国家平均水平。2017 年，219 家国家级经济开发区实现地区生产总值 9.1 万亿元，同比增长 9.9%，增幅高于同期全国平均水平 3 个百分点，占同期国内生产总值的比重为 11%。

其中，第二产业增加值 6.1 万亿元，同比增长 6.1%，增幅与同期全国平均水平持平，占同期全国第二产业增加值的比重为 18%；第三产业增加值 2.8 万亿元，同比增长 17.3%，增幅高于全国同期平均水平 9.3 个百分点，占同期全国第三产业增加值的比重为 6.7%。

同时，2017 年经济开发区实现财政收入 1.8 万亿元，同比增长 15.9%，增幅高于全国同期平均水平 8.5 个百分点，占全国财政收入的比重为 10.3%；实现税收收入 1.6 万亿元，同比增长 12.2%，增幅高于全国同期平均水平 1.5 个百分点，占全国税收收入的比重为 10.9%。

（3）进出口总额增速高于全国平均水平，已成为对外开放地区的重要组成部分

在进出口总额增幅、合同外资总额增幅等方面，经济开发区的数值均远

高于国家平均水平。2017 年，国家级经济开发区实现进出口总额 5.6 万亿元，同比增长 17.5%，增幅高于同期全国平均水平 3.3 个百分点，占同期全国进出口总额的比重为 20.1%。

综合来看，国家级经济开发区已成为中国对外开放地区的重要组成部分。建设国家级经济开发区有利于促进区域经济协调发展，有利于国有经济结构的进一步优化，进一步提高吸收外商投资的质量，引进更多的先进技术。

4.2.3 老挝经济特区

2002 年 1 月 21 日，老挝批准设立首个经济特区——沙湾—色诺经济特区。按照 2011 年年底老挝政府颁布的《2011—2020 年老挝经济特区和经济专区发展战略计划》，计划到 2020 年在全国 41 个目标地区建成 10 个经济特区和 25 ～ 29 个经济专区。老挝设立经济特区和经济专区在投资形式上主要有老挝政府投资、国内私人投资、境外私营企业投资和国内外合资四种。老挝政府对经济特区和经济专区实行比《老挝人民民主共和国投资促进法》更优惠的税收政策。

截至 2017 年 10 月，老挝政府共批准设立了 13 个经济特区和经济专区，占地近 2 万公顷，其中包括 5 个经济特区和 8 个经济专区。

4.2.3.1 老挝的 5 个经济特区

（1）沙湾 – 色诺经济特区

该经济特区位于横跨中南半岛的东西经济走廊。由联合国及亚洲各国开发的东西经济走廊全长 1 450 千米，由越南岘港，经老挝的沙湾拿吉并穿越泰国，直达缅甸毛淡棉港，横跨越、老、泰、缅 4 国。亚洲到欧美的海运若经过该走廊，能省下 10 天约 3 000 海里的航程，因此被称为“黄金走廊”。沙湾—色诺园区能够充分利用东西经济走廊优势，有近 70 家企业在此园区注册，主要来自加拿大、荷兰、法国、日本、韩国、马来西亚、泰国及中国香港等地。

表 4-1 老挝沙湾－色诺经济特区简介①

<table>
<tr><th colspan="5">沙湾－色诺经济特区</th></tr>
<tr><td>地理位置</td><td colspan="4">沙湾拿吉省，老挝中部，靠近泰国</td></tr>
<tr><td>设立时间</td><td colspan="4">2003 年（75 年特许权期限）</td></tr>
<tr><td>投资总额</td><td colspan="4">74 000 000 美元</td></tr>
<tr><td>开发者</td><td colspan="4">老挝政府占 100% 开发权</td></tr>
<tr><td>电费</td><td>0.088 美元 / 千瓦·时</td><td>水费</td><td colspan="2">0.68 美元 / 立方米</td></tr>
<tr><td>项目面积</td><td>954 公顷</td><td>土地租金</td><td colspan="2">0.3 美元 / 平方米 / 年</td></tr>
<tr><td>区位优势</td><td colspan="4">靠近 9 号公路（东西经济走廊的一部分）和老挝—泰国第二友谊大桥</td></tr>
<tr><td>对投资者的优惠</td><td colspan="4">1. 服务业可免营业所得税 2 ～ 10 年，此期限结束后将按照投资总额的 8% ～ 10% 来收取。2. 贸易业可免营业税 2 ～ 5 年，此期限结束后将按营业所得税 10% 的标准收税。3. 工业可免营业所得税 5 ～ 10 年，此期限结束后将按营业所得税 8% 的标准收税</td></tr>
<tr><td rowspan="2">投资项目</td><td colspan="2">服务业
1. 银行、金融机构、保险；
2. 旅游推广业；
3. 酒店、度假地、餐饮；
4. 游乐场、娱乐中心、体育中心；
5. 会议厅，技能中心；
6. 办公建筑出租业；
7. 学校、医院</td><td colspan="2">物流配送服务部门
14. 运输服务；
15. 配送服务；
16. 仓库、冷库</td></tr>
<tr><td colspan="2">贸易业
8. 免税商店；
9. 免税边境贸易；
10. 进出口业务；
11. 会展－贸易促进中心；
12. 百货商店；
13. 批发零售商店</td><td colspan="2">工业
17. 电线制造业；
18. 食品加工厂；
19. 木材制品业；
20. 纺织品、鞋、包制造厂；
21. 汽车装配厂和其他电子零件组装厂</td></tr>
</table>

（2）金三角经济特区

位于波乔省敦蓬县内，紧邻湄公河，与泰国的清盛、缅甸的大其力隔河

① 资料来源：老挝计划投资部。

相望。老挝金三角经济特区是除国防、外交、司法权外实行高度自治的特区，是世界上首个“企业境外”特区。

表 4-2 老挝金三角经济特区简介①

金三角经济特区			
地理位置	波乔省（又译博胶省）敦蓬（又译东鹏）县		
设立时间	2007 年	投资总额	86 600 000 美元
项目面积	3 000 公顷	特许权期限	50 年
特区开发者	老挝政府 + 民营企业（中国）		
区位优势	有便利的交通条件，与泰国、缅甸接壤		
投资项目	1. 基础设施建设		
	2. 农业、养殖业、制造业		
	3. 酒店和住宅区		
	4. 旅游业、特色演出		
	5. 高尔夫球场		
	6. 教育机构、医疗中心		
	7. 商业和国际贸易区		
	8. 房地产开发		
	9. 银行业、保险业和金融机构		
	10. 邮政、电信、互联网、广告业、印刷业		
	11. 货运及客运		
	12. 旅游及娱乐区开发		
	13. 餐馆和酒吧		
	14. 仓储、免税店和免税区		

（3）川圹经济特区

川圹是老挝东北部的一个省，东邻越南，首府川圹。特区规划面积 261 平方千米，规划人口 50 万～ 80 万。特区定位包括文化新都、生态新城、旅游新地、产业新城四大功能板块。规划项目包括城市建设、开发、管理、招商、运营以及 500 平方千米矿产的探矿和采矿权。

（4）占巴塞经济特区

占巴塞经济特区被定位为服务经济特区，旨在促进轻、重工业部门以及

① 资料来源：老挝计划投资部。

相关服务业的投资。占巴塞经济特区位于巴色县，占地 800 公顷，预计项目总投资额 1 亿美元，土地特许经营期 50 年。

2016 年 12 月，来自中国的投资集团和占巴塞省政府签署协议，计划投资 100 亿美元开发占巴塞经济特区。随后，来自韩国、日本、新加坡、菲律宾等国家的投资者也对占巴塞省表示出投资兴趣。旅游业和制造业是海外投资者的关注领域。

（5）琅勃拉邦经济特区

琅勃拉邦经济特区位于琅勃拉邦省的宗佩县和琅勃拉邦县的外围地区，占地 4 850 公顷，计划投资 12 亿美元，特许经营权期限 99 年。该经济特区通过单一窗口服务吸引更多贸易和旅游业投资，将设计成为一座新城，投资覆盖面广，包括房地产开发、国际高中、医疗中心、商场、银行和金融机构、宾馆、娱乐场所、体育中心、文化中心等。

4.2.3.2 老挝的 8 个经济专区

（1）磨丁丽城经济专区

表 4-3 磨丁丽城经济专区简介①

磨丁丽城经济专区			
地理位置	琅南塔省琅南塔市（县）		
设立时间	2003 年	投资总额	500 000 000 美元
项目面积	1 640 公顷	特许权期限	50 年
特区开发者	中国民营企业占 100% 开发权		
区位优势	坐落于 A3 公路（昆明—曼谷）边，是一个新开发的县市，位于东盟“10+3”合作的战略要线		
投资项目	1. 农业、养殖业、制造业		
	2. 文化中心、五星级酒店、度假地		
	3. 高尔夫球场、旅游景点		
	4. 教育机构、公共保健中心		
	5. 商业和贸易区		
	6. 房地产开发、金融机构、银行业、股票市场		

① 资料来源：老挝计划投资部。

磨丁丽城经济专区	
投资项目	7. 邮政和通信行业
	8. 仓储、免税店和免税区

（2）万象工业和贸易区①

表 4-4 万象工业和贸易区简介

万象工业和贸易区			
地理位置	万象市塞塔尼区		
设立时间	2009 年	投资总额	43 000 000 美元
项目面积	110 公顷	特许权期限	75 年
特区开发者	老挝政府 + 中国民营企业		
特区优势	距离首都万象的市中心仅 22 千米，接近老挝—泰国铁路枢纽		
投资项目	工业（纺织业、制鞋业、自行车、电子零件制造业）； 商业（零售商店、贸易中心、商业大厦）； 服务业（培训中心、学校、医院、酒店等）		

（3）赛色塔开发区①

表 4-5 赛色塔开发区简介

赛色塔开发区			
地理位置	万象市塞塔尼区		
设立时间	2010 年	投资总额	128 000 000 美元
项目面积	1 000 公顷	特许权期限	50 年
特区开发者	政府 + 私营（老挝和中国）		
特区优势	项目地处首都万象市中心		
投资项目	1. 农产品行业		
	2. 木材制造业		
	3. 轻工业		
	4. 旅游 – 服务业		
	5. 电器制造业		
	6. 机械工业		
	7. 新能源产业		

① 数据来源：老挝计划投资部。

（4）普乔经济专区

表 4-6 普乔经济专区简介①

普乔经济专区			
地理位置	甘蒙省他曲市（县）		
设立时间	2010 年	投资总额	708 000 000 美元
项目面积	4 850 公顷	特许权期限	99 年
电费	0.06～0.08 美元/千瓦·时	水费	0.07 ～ 0.79 美元 / 立方米
特区开发者	100% 私营（老挝）		
区位优势	集旅游业、贸易区的优势为一体，交通便利，是连接老挝、越南、泰国的重要交通枢纽，距离老挝—泰国第三友谊大桥 14 千米，靠近 12 号公路（12 号公路是通往越南文安深水港的主要路线）		
对投资者的优惠政策	1. 金融业、教育业、公共卫生事业：3 ～ 6 年内免除利润税，之后按 3% ～ 4% 的标准收取； 2. 旅游业、体育业、农业：3 ～ 7 年内免除利润税，之后按 4% ～ 5% 的标准收取； 3. 贸易业、运输业、服务业：3 ～ 9 年内免除利润税，之后按 6% ～ 7% 的标准收取； 4. 轻工业：3 ～ 9 年内免除利润税，之后按 6% ～ 7% 的标准收取公司利润税； 5. 重工业：3 ～ 10 年内免除利润税，之后按 7% ～ 8% 的标准收取公司利润税		
投资项目	1. 商业和工业 商品生产、组装和零部件制造、大宗商品市场、自然旅游水上公园； 2. 商业建筑 公寓式酒店、住房、养老院； 3. 体育公园 高尔夫球场、室内健身房、国际运动中心、体育竞赛中心（包括斗牛场、赛马场、赛狗场、大象竞赛及秀场）； 4. 机场和物流业 航空运输、公路运输、水运服务； 5. 教育行业 职业学校、幼儿园、小学、中学、民族博物馆、艺术中心； 6. 酒店和娱乐业 3 ～ 5 星级酒店、综合娱乐中心		

① 资料来源：老挝计划投资部。

（5）塔銮湖经济专区

表 4-7　塔銮湖经济专区简介[①]

<table>
<tr><th colspan="4">塔銮湖经济专区</th></tr>
<tr><td>地理位置</td><td colspan="3">万象市</td></tr>
<tr><td>设立时间</td><td>2011 年</td><td>投资总额</td><td>1 600 000 000 美元</td></tr>
<tr><td>项目面积</td><td>365 公顷</td><td>特许权期限</td><td>99 年</td></tr>
<tr><td>特区开发者</td><td colspan="3">100% 私营（老挝）</td></tr>
<tr><td rowspan="6">对投资者的优惠政策</td><td colspan="3">1. 使馆文化区（使馆办公区、百货商店、专卖店、超市、娱乐中心、五星级酒店、表演中心）</td></tr>
<tr><td colspan="3">2. 金融区、商业区</td></tr>
<tr><td colspan="3">3. 密集住宅区（服务设施、医院、国际学院和幼儿园）</td></tr>
<tr><td colspan="3">4. 底层住宅区（多种形式住宅区；欧洲风格、现代风格和老挝风格）</td></tr>
<tr><td colspan="3">5. 旅游和休闲区（零售综合体、休闲和生活街、度假地和酒店）</td></tr>
<tr><td colspan="3">6. 高尔夫球场</td></tr>
</table>

（6）万象 – 隆天经济专区

表 4-8　万象 – 隆天经济专区简介[①]

<table>
<tr><th colspan="4">万象 – 隆天经济专区（又译：万象 – 龙腾经济专区，万象 – 龙天经济专区）</th></tr>
<tr><td>地理位置</td><td>万象市哈萨冯区</td><td>设立时间</td><td>2008 年</td></tr>
<tr><td>投资总额</td><td>1 000 000 000 美元</td><td>项目面积</td><td>557.75 公顷</td></tr>
<tr><td>特许权期限</td><td>50 年</td><td>特区开发者</td><td>100% 私营（越南）</td></tr>
<tr><td>区位优势</td><td colspan="3">位于万象市 450 大道沿线，距离万象市中心 16 千米，距老挝—泰国友谊桥 400 米</td></tr>
<tr><td>投资项目</td><td colspan="3">1. 36 洞高尔夫球场；2. 五星级酒店；3. 豪华公寓；4. 度假地；5. 会议厅；6. 体育中心；7. 超市；8. 门诊中心；9. 学前教育中心；10. 国际高中；11. 海景豪华别墅；12. 停车场</td></tr>
</table>

① 资料来源：老挝计划投资部。

（7）东婆西经济专区

表 4-9　东婆西经济专区简介[①]

东婆西经济专区（又译：东坡西经济专区）			
地理位置	万象市哈萨冯区	设立时间	2009 年
投资总额	50 000 000 美元	项目面积	53.947 公顷
特许权期限	50 年	特区开发者	100% 私营（马来西亚）
区位优势	位于万象市 450 大道，距离万象市中心 16 千米，距老挝—泰国友谊桥 400 米		
投资项目	1. 商业：酒店、餐馆、购物中心和 DIY 综合区、超大型自主商场、综合度假区、金融中心； 2. 工业：保税仓库、保税展示厅、批发市场； 3. 居住：公寓； 4. 机构：大学和技能中心、海关检查站、医疗中心、行政中心		

（8）塔克经济专区

表 4-10　塔克经济专区简介[①]

塔克经济专区			
地理位置	甘蒙省塔克市（县）		
设立时间	2012 年	投资总额	80 000 000 美元
项目面积	1 035 公顷	特许权期限	75 年
特区开发者	100%（老挝政府）		
区位优势	位于万象市 450 大道沿线，距离万象中心 16 千米，距老挝—泰国友谊桥 400 米		
土地租金	0～0.19 美元 / 平方米 / 月		
电费	0.059～0.065 美元 / 千瓦·时		
水费	0.05 美元 / 立方米		
投资项目	1. 贸易和服务区：百货商店、餐馆、银行、金融机构、信息服务中心； 2. 宾馆区：3～5 星级酒店、夜总会、娱乐区； 3. 配送物流区：仓库、配送服务；		

① 资料来源：老挝计划投资部。

塔克经济专区	
投资项目	4. 客运站地区：公共汽车出租车； 5. 会议中心区：国际会议厅、IT 服务中心； 6. 一级和二级住宅区：高档别墅、度假地、出租用公寓； 7. 体育中心； 8. 教育和公共卫生区：幼儿园、小学、中学、职业学校、学员、大学、医疗、公共卫生中心、诊所、医院、医疗设备配送中心； 9. 行政办公和组织机构区； 10. 森林保护和绿化区：公园、市中心的绿色公园、观光运动

2012 年，中国商务部与老挝签署关于建设万象赛色塔综合开发区的协定，这是老挝唯一一个国家级经贸合作区。该园区由云南省建设投资控股集团和老挝首都万象市政府共同出资开发，将重点发展农副产品加工、林木加工、机械制造、物流、家电生产、纺织服装及旅游休闲等产业。截至 2016 年 10 月，已有 36 家入园企业。其二期及三期占地 7.5 平方千米，将重点发展商贸和服务业。

4.2.4 缅甸经济特区

缅甸正在推进的经济特区有三个：德林达依省的土瓦经济特区、若开邦的皎漂经济特区和仰光的迪洛瓦经济特区。目前，与日本合作建立的迪洛瓦经济特区已有部分投入商业运营，已有来自 12 个国家 73 家企业入驻该特区，行业包括服装、玩具和饮料瓶等。另外两个经济特区正在建设过程中。

2016 年缅甸开放位于孟邦的皎丹工业园区。经过两年的建设期，工业园区的基础设施如路桥、水电等都已经完成。约有 10 家公司已经开始在园内运营。工业园区内的企业涉及多种行业，包括锌及铁丝网制造、预拌水泥、食品饮料、纺织、金属提纯、制冰、制鞋、家具、塑料、海鲜储存、汽车配件等。

为推动纺织行业发展，缅甸已开始纺织产业集群的建设。缅甸已在实皆省第三纺织厂、第三纺织厂分厂及轧棉厂等工厂建立纺织产业集群，并计划在仰光省和曼德勒省建立服装与纺织工业特区，相关方面正在安排土地。瑞东第一纺织厂范围内的127英亩（1英亩≈6.07亩）空地上也将建立纺织和服装产业集群。与韩国Daehan Knit公司合资经营的国际级染色业务将在直通工业区经营。正在建立中的密支那经济开发区内将会设置服装工业园区。仰光省政府将会陆续建立协助集群、服装工业园区、纺织工业园区，旨在使成衣厂经营方式由CMP变为FOB。伊洛瓦底省马乌彬工业区计划开发35家纺织厂，其中16家已开建。

目前，已经有部分中资企业投资的成功案例，包括迪尚服装、鲁泰纺织与恒田企业。三家中资服装企业各具特色，在缅甸的工厂均运营良好，充分融入了当地文化、风俗。迪尚集团在缅甸投资建立了2家制衣厂，员工共计1 500名，2016年投产，成功地把服装加工部分转移至缅甸。鲁泰（缅甸）有限公司年产高档衬衫300万件，现有6条缝制生产线，缅籍员工和管理人员900余人，产品主要面向欧洲及日韩市场。恒田（仰光）制衣有限公司共有2家制衣厂，员工共2 300人，产品主要出口日本和欧美，通过在缅设立工厂，恒田企业成功新增大单客户。

4.2.5 泰国工业区

4.2.5.1 泰国工业区管理机构

泰国工业区管理局（IEAT）成立于1979年，负责开发和管理工业园区，并对工业园区行使政府管理职能；对工业园区的设立履行审批；对工业园区的建设、配套设施的完善、土地分配等实施管理；提供工业园区土地使用、园区经营、税收优惠、工作许可等相关服务，赋予在工业园区投资设厂的企业除泰国投资促进委员会（BOI）优惠待遇之外的优惠待遇。

目前泰国各类工业园区共有100多个，由IEAT开发管理的工业园区共有34个，其中9个完全由IEAT开发管理和25个由IEAT与私营企业合作开发管理。泰国工业部也设立工业区（Industrial Zones）以支持地区和特定产业的发展，而工业园（Industrial Parks）则完全由私营企业投资经营。

BOI是泰国工业部的下属机构，由泰国总理担任主席，工业部部长担任副主席。BOI全面负责泰国投资促进工作，制定有关投资促进鼓励政策。其与工业园区的关系主要是受理工业园区及工业园区内投资企业的优惠政策申请和审批；投资企业若申请投资鼓励政策，一般情况下，工业区内会有代理服务，统一向BOI申报。

4.2.5.2 泰国工业园区概况

泰国的工业园区主要分为3种类型，第一类是一般工业园区（GIZ），第二类是出口加工区（EPZ），第三类是自由贸易区（FTZ）。其中绝大部分是GIZ和EPZ，有的工业园区既是GIZ，同时又是EPZ，而FTZ的数量则很少。据不完全统计，目前泰国的工业园区大大小小共有100多个，其中只有59个是享受BOI鼓励优惠政策的，其余的或是因为面积小[①]，或是没有申请，而不享受该投资鼓励政策。需要说明的是，这里提到的投资鼓励政策是针对工业园区的投资人而言的，而不是针对坐落在工业区里面的企业，也就是说，进驻享有鼓励政策的工业园区的企业并不自动享有相关投资鼓励政策。上述的59个享有BOI鼓励政策的工业园区中，有34个或是完全由政府投资设立，或者是政府和私人合伙设立，或者是私人设立而由政府和私人合作经营，其余的25个则完全由私人设立并经营。

4.2.5.3 泰国工业园区优惠政策

2015年9月，泰国内阁通过了产业集群经济特区政策，给予符合条件的区内企业进行税收减免。泰国政府致力于发展两类产业集群：超级产业集群和其他产业集群。超级产业集群指运用先进技术的领域以及未来产业，农产品加工、纺织服装等产业属于其他产业集群。

根据新修订的《工业区管理法》，工业园区分为两类，即一般工业区（GIZ）

① 500莱以上才可申请，约合1 200亩。

和工业园区自由经营区 [IEAT Free Zone，旧称出口加工区（EPZ）]。在一般工业区投资设厂的企业可享受拥有工业园区土地的所有权、引进外籍技术人员并准许其配偶和家属在泰国居留以及允许将外汇汇出泰国等优惠待遇。修订后的《工业区管理法》对在工业园区自由经营区投资设厂的企业提供比原先更为优惠的待遇，除了可享受一般工业区的待遇外，在不需规定产品出口比例的情况下即可享受更多的税收优惠和便利待遇，包括：进口或进入自由经营区用于生产、贸易或服务的原料、机器设备及零部件，免征商品进出口关税、增值税和消费税，且不限于自用；运出自由经营区的商品即使内销也不需补缴被减免的原料和零部件进口关税；对于运入自由经营区用于制造、混合、组装、包装或其他作业来生产出口商品的产品或原料，无须根据其他法律（海关法除外）规定申请或持有进口许可证、通过质量检验或加盖任何印章或标记。

泰国按区域工业园区给予投资优惠。泰国共有 77 个府（市），根据行政区距离曼谷的远近和当地收入高低划分为 3 个区域，不同区域内的工业园区享受不同的投资优惠政策。

第一区：由中部的 1 个直辖市和 5 个府组成，分别是曼谷市、佛统府、暖武里府、巴吞他尼府、北榄府和龙仔厝府。上述 5 个府围绕在曼谷市周围，坐落其中的工业园区是在所有工业园区中距离曼谷最近的，大约几十千米，交通十分便利，配套设施相当完善。属于第一区的享有 BOI 投资鼓励政策的工业园区共有 10 个。

第二区：由 12 个府组成，分别是北碧、北柳、春武里、坤西育、大城、普吉、罗勇、叻丕、北标、夜功、素攀和红统。这 12 个府相当于第一区的外围，距离曼谷 100 ～ 200 千米，交通便利，配套设施完善。属于第二区的享有 BOI 投资鼓励政策的工业园区共有 34 个。

第三区：其余的 59 个府都属于第三区，地理位置距离曼谷较远，在工业区当中处于最外围，但享有十分优惠的投资鼓励政策。这 59 个府又划分出一部分低收入府，区别于第三区的其他府，是所有工业区当中能享受优惠权益最多的区域。属于第三区享有BOI投资鼓励政策的工业园区共有15个。投资企业进入不同区域内投资所享有的奖励政策，大体情况是距离曼谷越远越优惠，也就是说，第三区的条件最好。各区域的工业园区中享有的BOI投资鼓励政策如下。

第一区减免一般的机器进口税，免缴用于生产出口产品所必需的原料进口税1年，免缴法人所得税3年；第二区设在获优惠投资的工业区内的项目将获得免缴机器进口税及7年的法人所得税，并免缴用于生产出口产品所必需的原料进口税1年；第三区设在获优惠投资的工业区内的项目将获得免缴机器进口税及法人所得税8年，并免缴用于生产出口产品所必需的原料进口税5年。投资企业进驻工业区内，并不自动享有投资鼓励政策，还要符合投资规模、投资行业等一系列BOI规定的条件。

泰国国务院表示，泰国内阁已通过会议，将国内19个工业园区划入东部经济走廊（EEC）特别工业奖励区域，面积超过8万莱（约19.2万亩）。同时还为企业商家、居住者规定和划分特别奖励区，未来10年内上述19个工业园区有望吸引1.3兆泰铢的投资金额。

上述19个工业园区中罗勇府有6个、春武里府有12个、北柳府有1个，包括罗勇府正大工业园，北柳府TFD2工业园，春武里府YAMATO山本工业园、宾通工业园、安美德纳空工业园等。

4.2.5.4 泰国工业园区服务

对于相对成熟的工业区而言，只要是投资企业需要的，那里都有相应的服务提供。硬件设施在工业区开发建设时就已经完备，包括区内道路及水电建设。通信系统稍有不同，有的设有内部电话网络，号码可达到2 000多个，所有网络手机也都可以在工业区内打通，并配有高速度国内及国际供个人租用的专线电路、ISDN电话系统及国际互联网络，但泰国的互联网整体来讲并不发达。工业区内都有污水处理系统，按照国际标准排放。污水处理费用一般按照正常用水量的 80% 计算，每立方米的污水处理费取决于 BOD 值，价格一般在 3 ～ 7 铢。一般的服务费是按面积计算的，内容包括了保养马路、公共照明、建筑物服务、安保等项目，投资者办理完购买土地的地契过户手续后就要缴纳，或者是在破土动工时开始缴纳，不同的工业区有不同的要求。服务费用标准由工业区自行决定，并可根据实际情况需要自行改动。投资企业进驻后，工业区大都会为企业提供在泰国登记注册、申请生产许可证等服务，符合投资鼓励政策的，还可以代理申请 BOI 优惠待遇。企业建造厂房时，通过工业区就可以找到建筑公司、设计公司，工业区也会帮助联络有关的政府机构，但因工业区的成熟程度不同，上述服务的质量会有所差别。投产时，工业区也常常为企业招收当地工人。

工业区生活方面的服务也很完善，一般都设有高尔夫练习场、游泳池、羽毛球场、健身房、桑拿室以及小型电影院等。工业区还都规划出适当的住宅区供工作人员住宿，档次有高有低，从领导层到工人都可以找到适合自己的住宅。在工业区内，一般都能实现日常购物、餐饮、加油，有的还配备学校供工作人员子女上学。

4.2.6 越南经济园区①

1986 年以来，越南历届党代会的决议形成了发展经济园区（含工业区、加工出口区、沿海和口岸经济区）体系的一贯主张，充分肯定了发展经济园区对实现工业化目标的重要意义，也是今后制订经济园区发展规划和政策的重要依据。自越共中央十一届四中全会出台了加快建设工业配套基础设施的相关决议，截至 2017 年 5 月，越南设立工业区 325 个，其中已有 220 个投产。

① 资料来源：越南经济园区发展历程及未来规划，中国驻胡志明市总领馆经商室，2016。http://www.mofcom.gov.cn/article/i/jyjl/j/201601/20160101235385.shtml.

全国设立沿海经济区 16 个，其中共有 36 个工业区。

4.2.6.1 越南发展经济园区的现行政策

经济园区机制、政策和管理模式的建立和完善，大致经历了 4 个阶段，每个阶段的政策法规均不相同。2015 年 7 月 1 日《投资法》修订案出台，标志着经济园区的发展从第 3 阶段过渡到第 4 阶段。

（1）工业区基础设施投资优惠政策

企业所得税优惠：根据 2013 年 12 月 26 日颁布的第 218/2013/ND-CP 号政府令，在工业区内投资的项目，适用 22% 的所得税率（2016 年 1 月 1 日始降至 20%），自盈利之年始，前两年免征，其后 4 年减半征收。

进出口关税优惠：根据 2010 年 8 月 13 日颁布的第 87/2010/ND-CP 号政府令，对加工出口区内使用的进出口货物均免征关税。

土地优惠：根据 2014 年 5 月 15 日颁布的第 46/2014/ND-CP 号政府令，工业区基础设施建设项目免土地租金 15 年，公共设施土地全免土地租金。

信贷优惠：工业区和加工出口区基础设施建设项目，按 2011 年 8 月 30 日颁布的第 75/2011/ND-CP 号政府令，可获得国家投资信贷和出口信贷支持。

基础设施建设扶持政策：根据 2009 年 3 月 19 日颁布的第 43/2009/QD-TTg 号政府令，国家预算内资金可对以下情况予以扶持，包括向工业区内被征地的人提供征地和异地安置补偿；对于社会经济困难地区的工业区，政府支持污水和垃圾处理工程建设，以及工业区内配套基础设施和公共服务设施建设。

（2）沿海和口岸经济区基础设施优惠政策

企业所得税优惠：根据第 218/2013/ND-CP 号政府令，企业投资于沿海和口岸经济区内的项目，适用 10% 的所得税率，优惠期限 15 年，前 4 年免税，其后 9 年减半征收。

进口关税优惠：根据第 72/2013/QD-TTg 号政府令，在口岸经济区投资的项目，免征固定资产进口税，对于国内未能生产、服务于项目的原料、物资、零配件，前 5 年免征进口税。

个人所得税优惠：根据第 29/2008/ND-CP 号政府决定，对于在沿海和口岸经济区工作的越南人和外国人，减半征缴个人所得税。

经济区基础设施建设扶持：根据第 126/2009/QD-TTg 号政府令，国家预算内资金对以下情况予以扶持，包括向经济区内被征地居民提供征地和异地安置补偿、支持各功能区内污水和垃圾集中处理工程建设、投资建设配套基础设施和公共服务设施。此外，经济区还允许通过发行工程债券、使用官方发展援助（ODA）和优惠贷款、采用 PPP 模式、利用土地基金、由投资者垫付等方式，筹集重要基础设施的建设资金。

（3）工业区、经济区职工住房建设和生活保障

根据第 164/2013/ND-CP 号政府令，政府将园区土地问题和住房规划捆绑在一起，允许园区内留出一部分土地，为园区职工建设住房。为鼓励各种经

济成分参与职工住房建设，政府颁布了第188/2013/ND-CP号决定，要求各省、直辖市人民委员会（政府）负责保障工业区工人住房建设用地，并向社会保障房投资项目提供优惠，如减免土地租金、增值税和企业所得税，提供贷款优惠等。此外，还要求为职工提供工资、培训、医疗、教育等保障。

（4）国家管理机制

国家对工业区、加工出口区和经济区实行分级、授权管理机制。具体是：政府授权中央部委、部门、省级人民委员会、园区管理委员会，根据各自的权限和任务分工，对全国工业区、加工出口区和经济区进行统一管理，对工业区、加工出口区和经济区制定发展规划、颁布政策法规，并进行指导。政府总理的权限和责任如下：①指导各部委、部门、地方政府制定落实工业区、加工出口区和经济区的法律法规和政策；②批准和调整工业区、加工出口区和经济区总体规划；③决定设立和扩大口岸经济区，批准口岸经济区综合发展规划；④允许扩大或压缩已批准的工业区、经济区功能区内的土地面积，改变土地用途；⑤指导处理和解决各种超越权限的问题。

各部委、部门、省人委会在各自职能、任务、权限范围内对工业区、加工出口区和经济区履行职责，根据法律规定指导或授权各园区管委会按权限实现国家管理职能。

工业区、经济区管委会对园区履行直接管理的职能，向投资者提供公共行政服务和其他相关辅助服务。管委会按照工贸、建设、劳动、环境等部委和机关的指导和授权，在一些领域直接管理投资和园区事务。此外，经济区管委会还根据省人委会授权，决定是否使用国家财政预算资金对B、C类项目进行投资，以及依照土地法规定交付土地。

此外，2015年7月1日生效的2014年版《投资法》，对以往的法律法规作了一些修订、补充和细化，补充了计划投资部在工业区、经济区中的管理职责。

4.2.6.2 越南经济园区发展成果和存在的问题

（1）工业区、加工出口区和经济区建设与发展成果

截至2015年5月底，全国共设立工业区295个，自然土地总面积8.4万公顷。其中，212个工业区投产，自然土地面积6万公顷；83个工业区正在征地补偿和开展基本建设。全国设立经济区41个，其中沿海经济区15个，土地和水域总面积70万公顷；口岸经济区26个。

截至2015年5月底，全国工业区共吸引外商直接投资项目5 800个，合同金额870亿美元，到位金额490亿美元（占合同金额的56%）；沿海经济区吸引外资项目260个，合同金额375亿美元，到位金额135亿美元（占合同金额的36%）；口岸经济区吸引外资项目70个，合同金额7亿美元。工业区共吸引国内投资项目5 600个，合同金额552万亿越盾（约246亿美元），到位金额255万亿越盾（约123亿美元，占合同金额的50%）；沿海经济区吸引内资项目785个，合同金额550万亿越盾（约245亿美元），到位金额165万亿越盾（约73亿美元，占合同金额的30%）；口岸经济区吸引内资项目500个，合同金额40万亿越盾（约17.8亿美元）。

2014年，全国工业区、经济区实现出口734亿美元（占全国出口总额的49%），进口额676亿美元（占全国进口总额的46%），创造工业产值1 180亿美元（占全国工业总产值的43%），上缴财政87万亿越盾（约38.7亿美元），吸收直接劳动力240万人。

经济园区的建设和发展，有力地推动了越南工业化、现代化进程，为越南经济社会的发展作出了贡献。

（2）存在的问题

①政府部门关于经济园区的指导意见尚不充分。2013年年底颁布的第164/2013/ND-CP号政府令，明确规定了各部委、部门在指导园区管委会规划工人住房方面的职责，但只有社会与荣军部和工贸部出台了指导意见，其他部门尚无具体实施办法。

②权力下放不足，不利于园区管委会充分发挥国家管理职责。第 29/2008/ND-CP 号政府令及各部门法规关于下放权力给园区管委会的规定不统一，且在建设、环保管理领域增加了对管委会履行职责的门槛。

③工业区、经济区管委会未被赋予督察职能，管委会的管理工作受限，以致企业出现违规行为时，管委会不能进行处罚。

④环境保护工作未达到要求。工业区中，低层次企业的环保意识淡薄，一些工业区和企业不严格遵守环保法律法规。截至 2015 年年底，在已投产的工业区和加工出口区中，仅 84% 的园区有达标的污水集中处理系统，与 100% 的目标尚有距离。建设污水集中处理厂的投资大，而中央财政扶持有限，企业通过其他途径筹资也面临许多困难。

⑤ 园区工人住房、社会福利和生活待遇没有明显改善。第 188/2013/ND-CP 号政府令规定了建设工人住房的优惠政策，但出台时间不长，尚无明显成效。在不少工业区集中的地方，工人住房建设遇到征地困难，住房条件无明显改善。医疗、幼儿园、学校、娱乐场所等社会福利工程也跟不上。违反劳动法、劳动者权益得不到保障的现象时有发生。比如，未按规定建立工资等级、工资表、集体劳动合同或流于形式；严重超时工作，只按劳动者最低规定工资标准而不按实际工资水平缴纳社会保险；不充分提供劳动保险。因此，一些工业区的罢工现象时有发生。

⑥人力资源发展规划与招商引资工作脱节。由于人力资源规划未得到应有的重视，一些工业区、经济区内，大型项目缺乏专家型人才，住房、学校、医院条件跟不上，对工人和专家缺乏吸引力。

⑦口岸和沿海经济区基础设施建设融资困难。此项投资需求巨大，仍依靠中央财政扶持，至今尚未能通过发行政府债券、利用官方发展援助（ODA）和公私合营（PPP）途径筹集资金。除永昂、榕桔、宜山、朱莱、庭武 - 吉海、富国、南富安等经济区外，其他经济区尚无大项目落地，未能有效地带动地方经济社会的发展。入园项目质量虽有提高，一些大项目采用了技术含量高

的生产工艺，但总体来看还不符合技术转移的要求。

⑧招商引资发展工业区和经济区的现行政策方面还存在一些问题。尤其是企业所得税、土地租金等方面，规定较模糊，缺乏实施细则和标准，执行起来有偏差。

4.2.6.3 越南发展经济园区的中长期政策

（1）继续完善投资优惠政策机制，优化建设和发展经济园区基础设施规划

继续完善现行优惠政策机制，确保各项优惠尤其是企业所得税、进出口关税优惠稳定、有吸引力。继续加大中央对地方的放权力度，中央和地方政府对经济区的管理要分工负责、相互配合、公开透明。健全中央和地方政府对经济区的管理机构，确保经济区管理事务审批集中在一个窗口办理。提高建设规划工作质量，确保经济园区的规划具有长期性、稳定性和实践性。园区建设规划要紧密结合当地经济社会发展规划、土地使用规划、工业发展规划、都市居民住房规划和其他相关规划，统筹考虑。提高工业区基础设施建设质量，按照方便职工生活、优先考虑公共服务原则同步协调建设基础设施。统筹沿海和口岸经济区基础设施建设资金，最大限度地发挥公私合营形式的作用，研究增加地方政府在沿海和口岸经济区基础设施建设方面的责任，减少对中央财政预算的依赖。

（2）提高经济园区招商引资质量

集中优先吸引具有先进技术含量、现代化程度高、环境友善、处于发展尖端位置、具有优势、有利于越南经济结构调整、改善投资结构的行业和领域。加强行业横向联合，以大项目为基础形成行业集聚发展。

（3）加强环境保护，保障劳动者物质和精神生活

工业区、经济区的发展要与环境保护同步，确保污水、垃圾按环保要求进行处理。组织宣传教育，提高企业环保意识。建立劳动者与雇主的和谐劳动关系，加强企业工会作用，鼓励企业提高对劳动者权益和公共利益的责任，改善劳动条件，帮助劳动者改善物质、住房条件，满足其对于精神生活的需求。

（4）创新经济园区发展模式

研究建立工业区多样化发展模式，如建设生态工业区、行业工业区、配套工业区、专业化工业区等，集聚发展电子、机械、纺织、鞋类、食品加工等重要工业，加强对上述工业行业战略投资者的招商引资。加强技术基础设施和社会公共服务建设，为劳动者和专家创造长期稳定的生活和工作环境。研究在条件具备的地方建设具有国际竞争力、赋予突破性政策机制的经济特区，使其成为全国经济社会发展的火车头。

4.3 澜湄国家工业园重点行业环境管理——以纺织行业为例

环境问题是由于经济发展产生的，环境污染很大程度上是由工业发展引起的，工业废气、废水、废渣的排放都会污染环境。工业对环境污染的影响程度表现在工业类型上，高新技术产业，如电子电器、机械工业等，对环境污染相对较小，而造纸、织染、电镀、皮革、建材、化工、塑料等产业对环境污染较大，其中，造纸、织染、皮革行业产生的废水含有大量有机污染物，电镀行业产生的废水中含有大量Cr 、Ni 、Cu、Zn 等重金属污染物，建材行业，如水泥厂的粉尘污染，陶瓷厂、砖瓦厂的废气污染是较突出的。工业“三废”造成的污染事故时有发生。

工业对环境的影响还表现在工业企业布局上（图 4-1）。设置工业园区，工业相对集中，有利于工业“三废”的集中治理，同时污染面相对较小；若工业企业分散，污染源分散、污染面扩大，则治理难度加大。工业园区是通过行政手段划出的一块区域，聚集各种生产要素，工业集约化程度高，企业享有园区内的特殊政策，也具有共同的排污特征。工业园区环境管理具有一定的闭合性，体现在以下三点：第一，地理区域性。企业地处同一园区，共享公共基础设施，例如集中供热、供电、污水纳入公用管网，执行相同的环境质量和污染排放标准。第二，同行业属性。企业若处于同一行业内，如纺织、汽车行业等，其原辅料及工艺使用、特征污染物等具有相似性。第三，供应链的关联性。若企业产品或工艺存在上下游关系，污染物会在企业之间传递，上游企业的污染易转至下游企业的管理成本。

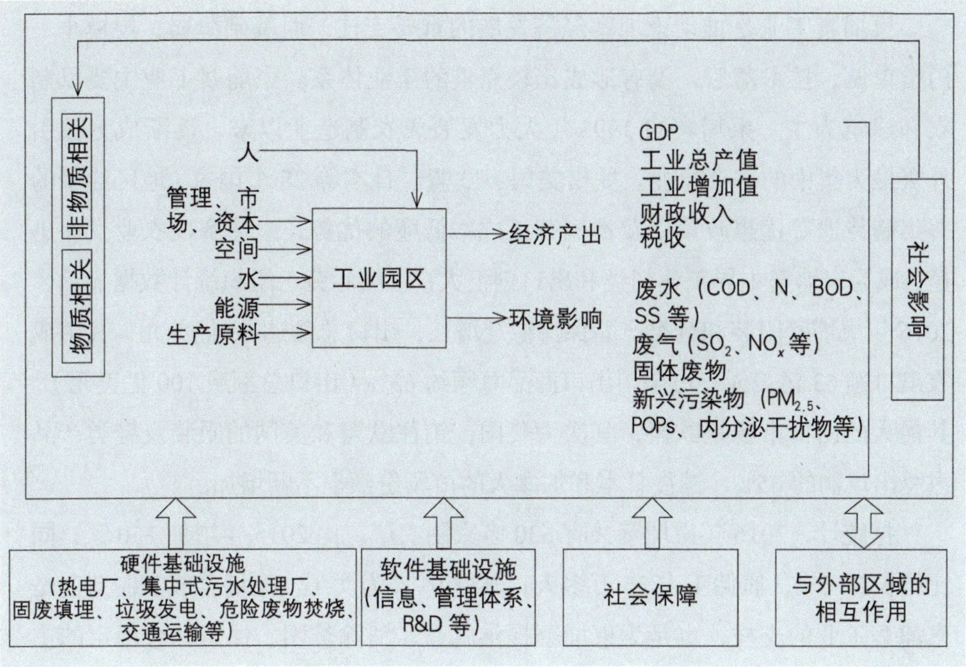

图 4-1 工业园对环境的影响

纺织服装业是对环境污染较大的行业，也是澜湄地区最重要的产业之一。本节以澜湄国家工业园中纺织行业及其环境管理情况为例，阐述这类对环境影响较大的工业园重点行业的绿色发展路径。

4.3.1 湄公河国家纺织行业发展现状

4.3.1.1 柬埔寨

伴随着政局稳定、社会经济体制的建设完善，柬埔寨经济虽然落后，但正高速发展。2016 年，柬埔寨人均 GDP 为 1 300 美元，GDP 增长率为 7%，主要支柱产业是服务业、工业和农业，分别占国家 GDP 的 39.4%、26.2% 和 29%。

柬埔寨工业是推动柬埔寨经济发展的重要支柱，但基础薄弱、规模小、门类单调、技术落后，没有形成比较完整的工业体系。柬埔寨工业主要以制衣和建筑为主。柬埔寨自1993年大力发展成衣制造业以来，逐渐成为吸引外资最为集中的一个行业。凭借美国、欧盟、日本等28个国家／地区给予的普惠制待遇等优惠政策以及本国劳工成本低廉的优势，柬埔寨成衣业发展迅速，成为柬埔寨主导工业门类和出口创汇大户。国际劳工组织统计数据显示，2016年柬埔寨服装和鞋类产品保持稳定增长，出口总额达73亿美元，其中成衣出口额63亿美元，占全国出口商品总额约63%（出口总额逾100亿美元）。其最大的出口市场是欧盟，其次为美国，销往欧盟和美国的服装及鞋类产品占总出口额的65%，销往日本和加拿大的市场份额也不断增加。

据统计，2016年柬埔寨共有630多家制衣厂，比2015年增加150家，同比增长31.2%，雇佣工人35万多人，其中91%为女工。柬埔寨成衣制造业是柬埔寨工业的支柱，也是为柬埔寨提供就业、消除贫困、保持社会稳定的主要力量。

根据柬埔寨制订的《2015—2025工业发展计划》，柬埔寨工业计划由劳动密集型向技术密集型转变，工业GDP比重提高到30%，其中制衣业提高到20%，重点发展高附加值的新型工业，包括纺织产业上下游配套产业。

4.3.1.2 老挝

老挝经济发展落后，人均收入水平低，是世界上最不发达的国家之一。但近年来随着老挝开展市场经济体制改革，老挝经济发展非常迅速。2016年，老挝人均GDP达到2 408美元，GDP增长率达到7%，主要产业为农林业、工业和旅游服务业。根据2014—2015年老挝GDP数据，老挝农林业、工业和旅游服务业占全国GDP的23.7%、29.1%和47.2%。老挝出口主要依赖于初级产品和资源型产品，主要出口国家包括泰国（35.1%）、中国（22.3%）、越南（30.5%）、日本（2.4%）、德国（2.0%）、印度（1.8%）等。

根据2014年的数据，老挝境内共有服装企业近60家，其中仅有2家为纺织企业，从业人员 2 万多人，拥有设备 1.3 万台，年产量为 4 000 万件。因为老挝经济发展落后，所以欧美设置的贸易壁垒较少，其生产的服装大部分用于出口。其产品进入美国市场没有配额限制，进口关税为 0% ～ 5%；进入欧盟市场无进口关税，但须有配额；进入南亚市场既无配额限制，也无进口关税。国内消费的产品主要是由家庭作坊式生产，只有 4 ～ 5 家具有工业机械的工厂生产的产品是针对国内市场 。根据老挝工贸部进出口司发布的数据，2018 年第一季度，老挝服装出口占到出口总额的 4.7%。由于老挝纺织业基础薄弱，因此在引进外资方面没有什么限制措施。但由于老挝劳动力素质较低，基础设施薄弱，目前外资进入老挝服装行业较少，仅占外资的 1% 左右。

青岛洁瑞纺织有限公司在老挝设立了公司，主要生产加工纺织品、针织品、服装及抽纱品（不含许可证及配额管理产品）。

老挝纺织工业协会是对纺织服装行业规划和指导发展的权威机构。此外，还有老挝成衣产业协会。

4.3.1.3 缅甸

2011 年缅甸新政府上台后，大力发展经济，引进外资，确立了四项经济发展援助计划，包括加强农业发展、工业发展、省邦平衡发展，提高人民生活水平等。2016 年，缅甸人均 GDP 为 1 064 美元，GDP 增长率为 7.3%，主要产业是农业、工业和服务业，分别占比 26.8%、34.5% 和 38.7%。

缅甸纺织行业是裁剪—缝制—包装（CMP）系统的服装制造业，所有面料和装饰依靠进口。2016 年缅甸服装出口总额达到 21 亿美元，占全部出口总额的 7%，最大的出口目的地是日本（33%）、韩国（25%）和美国（25%）。

缅甸的服装企业绝大部分集中在仰光或仰光附近的工业区，距离仰光港口只需 1 ～ 2 小时的车程。也有一部分小规模的服装企业分布在勃固、勃生以及缅甸第二大城市曼德勒。除了仰光，还有一些其他港口。目前缅甸一些小船只有能力运输集装箱，将其运到新加坡后再统一运输。

根据缅甸成衣制造商协会（MGMA）统计的数据，缅甸目前共有服装制造企业近 500 家，其中外资及合资占一半以上，从业人员达 34 万人，其中 90% 为女性，大部分年龄为 18 ～ 27 岁，平均工资为 2.8 美元/天（不含加班工资），工厂规模 900 人左右。

由于生产配套设施仍落后于越南、柬埔寨及孟加拉国，缅甸成衣制造业在全球市场的竞争力仍然很弱。为解决这一问题，缅甸政府开始规划出口纺织品服装的快速跟踪服务，并加强配套设施建设。缅甸外国投资委员会将会在仰光南部的大衮乡建立服装制造工业园区。为外国投资者提供一站式的服务，集纳开设工厂所需的行政服务设施，比如获得所有权许可。

4.3.1.4 泰国

泰国是传统农业国，但随着经济的高速发展，泰国的经济结构也发生了明显的变化。虽然农业仍然占较大比重，但制造业和服务业的比重也逐渐增大。2016 年泰国人均 GDP 达到 6 055 美元，GDP 增长率受政治动荡和全球经济影响，较 2012 年（6.4%）有所回落，为 3.2%，主要产业为农业、制造业及其他工业产业、服务业，分别占国家 GDP 的 6.3%、27.5% 和 66.2% 。

纺织服装业是泰国最大的制造业之一，也是泰国第二大出口行业，产值约占制造业总产值的 23%，从业人数超过 120 万人，相关企业有 9 000 多家。其中主要是服装厂，从业人员约占行业总人数的 80%，此外还有纺纱厂、印染厂、织布厂、日用纺织品厂、地毯厂等。

可以说，泰国纺织业已经覆盖了从纤维到成衣生产的整个产业链。虽然泰国并不盛产纺织原料，但生产化纤形成了配套齐全的产业。由于泰国劳动力成本的增加以及欧盟和美国市场的经济疲弱， 2005—2014 年，泰国纺织企业曾呈现逐渐减少态势，纺织企业总数由 4 440 家减少到 4 041 家，其中泰国化纤企业数量从 17 家减少到 12 家；服装企业数量从 2 541 家减少到 2 167 家。2014 年，泰国主要服装制造商将业务转移到缅甸、柬埔寨、老挝等周边劳工成本相对低廉的地区。目前，泰国的纺织服装业正面临严峻挑战，低档纺织品逐渐失去国际竞争力，必须向中高档纺织品和创建自有品牌的方向发展。

为应对挑战，泰国将高性能纤维与文化纺织品相结合，推动产业发展。近年来，泰国的纺织服装行业呈现出稳定的增长态势，致力于发展成为东盟地区的时尚中心。

除了出口纺织服装，泰国也出口纺织布料。据泰国媒体报道，2015 年上半年，泰国纺织品出口总计约 21.4 亿美元，其中布料出口占 20%，主要出口国是越南和缅甸；纺织品如成衣等出口占约 40%，其在亚洲主要出口市场包括中国、韩国和日本。

4.3.1.5 越南

越南属于发展中国家，2001 年开始建立市场经济体制。近年来，越南总体经济增长较快，经济总量不断扩大，对外开放水平不断提高，基本形成了以国有经济为主导、多种经济成分共同发展的格局。2016 年越南人均 GDP 为 2 215 美元，GDP 增长率为 6.21%。从产业结构看，越南主要产业为农林水产业、工业建筑业和服务业，分别占国家 GDP 的 16.32%、37.72% 和 40.92%。

纺织服装行业是越南重要的经济支柱。越南已经具备比较完善的纺织服装产业链，包括前端纤维生产和后端服装加工。目前，越南是全球最大的服装出口国之一。2016 年越南纺织服装出口额达 270 亿美元，占其出口总额的 17%，主要市场为美国（49%）、欧盟（27%）、日本（10%）和韩国（8%）。

越南也是全球最大的面料进口国之一。尽管越南国内已经具备部分纺织行业包括纤维、面料和非服装类产品的生产能力，但由于纺织产业对投资和技术的要求更高，其在越南的发展一直较为滞后。因此，越南仍需从国外进口大量纺织原料，主要进口来源地为中国和韩国。

2015 年越南与欧盟签署了自由贸易协定草案，越南出口到欧盟的纺织品将享受“免税出口”待遇，其中部分服装类产品可享受即刻免税，其余产品出口税率也将在 3 ～ 7 年内逐步降低，直至为零。关税减免大大提高了越南纺织品服装出口欧盟的竞争力，对中低端产品的出口量有着最为直接的刺激。该协定严格执行“原产地规则”，这也进一步促进了越南纺织全产业链的发展。

目前织布和印染两个环节所需投资金额较大，但越南政府考虑到环境问题，不欢迎、不准许外商的投资。2018 年，越南工贸部拟向政府提出纺织工业可持续发展的措施，建议政府和各省对纺织、印染行业应有统一完善的政策，促进出口增长，使其达到一定程度后拉动纺织工业发展。越南需打造纺织业的工业区、工业集群，降低废水处理成本 。

越南纺织与服装业工厂超过 7 000 家，84% 为私营企业所有；70% 是服装厂；62% 位于越南南部，30% 位于北部，剩下的 8% 位于中部和其他地区。作为典型的劳动密集型行业，越南纺织服装业雇用 300 万工人，其中 85% 都在服装厂，这些工厂通常是外包加工商，规模较小，64% 工厂的劳动力不足 50 人，技术设备水平较低。

越南的纺织服装行业由国有公司、私有公司和行业组织三个层面构成，其中影响力较强的企业和组织包括：越南国家纺织品服装集团，越南纺织品服装协会，服装、纺织品、刺绣和针织协会。

4.3.1.6 总结

湄公河五国都是发展中国家，都处于快速工业化的进程中，不同国家经济发展水平不一致，呈现阶梯式的发展现状，从人均 GDP 的水平来看，泰国最高（6 000 美元），越南和老挝处于同一水平（2 200 ～ 2 400 美元），而缅甸和柬埔寨相对较差（1 000 ～ 1 300 美元）。

各国的发展路径和工业结构基本一致，均是从以农业为主发展成为以农业、工业和服务业为主的多元化产业结构。值得注意的是，各国农业、工业和服务业所占比例并不一致，侧面反映了各国经济发展水平。总的来说，近年来各国经济正在快速发展，工业和服务业的比例在不断提高，服务业的比例已经超过农业和工业。

各国纺织服装行业都是它们国民经济的重要产业，但行业发展情况和行业发展规模受经济发展水平、政治社会环境、投资环境和基础设施建设情况影响并不一致。部分国家已经形成较完备的纺织产业链，但大部分国家仍然以成衣制造为主；部分国家工业发展门类齐全，纺织产业只是各类工业中的一个主要行业，但也有国家工业主要依靠纺织业：

①泰国和越南通过多年的发展，已经具备较完整的产业链，包括前端纺纱、印染和后端服装制造，其出口不仅包括服装也有纺织前端面料，但柬埔寨、缅甸、老挝三国的纺织服装业仍然是产业链后端以服装加工为主，其出口仍然以成衣为主。

②不同国家工业发展水平不一样，纺织产业所占的比重也不一样。从纺织服装出口比例来看，柬埔寨服装制造业占国家工业的比重最大，纺织服装产品出口额占到总出口额的63%，基本上以成衣为主。而越南纺织出口比例只占到总出口额的17%，越南制造业除了加工制造业，还有采矿业、电力生产和配送业、油气工业等。

表 4-11　湄公河经济发展和纺织行业发展部分数据和信息汇总

国家	人均GDP	GDP增长率	产业结构	产业链分布	纺织服装出口结构	纺织服装出口额/亿美元	占出口总额比例	主要出口市场
泰国	6 055	3.20%	农业6.3%；制造业及其他工业产业27.5%；服务业66.2%	全产业链	服装、布料	21.4	布料出口占到20%；纺织品如成衣等出口占约40%	布料主要出口国是越南和缅甸；成衣等纺织品在亚洲主要出口市场包括中国、韩国和日本
越南	2 215	6.21%	农林水产业16.32%；工业和建筑业37.72%；服务业40.92%	全产业链	服装	270	17%	美国、欧盟、日本、韩国

国家	人均GDP	GDP增长率	产业结构	产业链分布	纺织服装出口结构	纺织服装出口额/亿美元	占出口总额比例	主要出口市场
缅甸	1 064	7.30%	农业26.8%；工业34.5%；服务业38.7%	以成衣制造为主	服装	21	7%	—
柬埔寨	1 300	7%	服务业、工业和农业分别为39.4%、26.2%和29%	以成衣制造为主	服装	63	63%	欧盟、美国、日本和加拿大
老挝	2 408	7%	农林业、旅游服务业和工业分别为23.7%、29.1%和47.2%	以成衣制造为主	服装	—	—	—

为促进经济发展，各国均出台各项政策，推进经济特区或特色工业园区的建设。这些经济特区或园区的统一特点是提供各项优惠政策，以吸引外资和国内资金，包含各种行业，纺织服装行业只是其中一种。经过多年的发展，各国均已经涌现出一些基础设施配套较为完善、管理规范的园区，吸引了大量的外资企业包括中资企业，对当地及国家的经济和社会发展做出了巨大贡献。其中，中方投资的特色园区包括泰国太中罗勇工业园、柬埔寨西哈努克港经济特区、越南龙江工业园、老挝万象赛色堡综合开发区、缅甸皎漂特区工业园等。

中国投资纺织企业工业园区主要包含两种：一种是中国企业（一家或多家）通过产业链投资，形成涵盖原料、纺纱、织造、染整、制衣与品牌的完整产业链的专业纺织服装工业园，例如天虹海河工业园、柬埔寨西哈努克港经济特区。另一种是东道主国自己投资或与外资合作建设的综合类工业园区，提供优惠利好条件和基础设施，吸引纺织服装企业及其他行业企业入驻，例如缅甸皎漂特区工业园。

总的来说，各国纺织行业已经呈现规模化和集聚化发展。无论是基于东道主国的政策导向和产业发展趋势，还是企业投资风险，企业抱团出海，通过打造工业园区的方式进行全产业链或部分产业链的投资都是降低投资风险，获得最大经济、社会和环境效益的有效途径。

4.3.2 湄公河国家现行环境管理政策

由于湄公河沿线五国工业发展水平不一致，其环境污染程度也存在差别。总的来说，泰国和越南由于经济发展水平相对较高，工业化和城市化进程加快，但也面临更为严重的环境污染问题，尤其是泰国。20 世纪 80 年代以后，泰国环境污染已经成为很大的社会问题，危害到当地居民的生存和生计。而柬埔寨、老挝、缅甸三国经济发展水平仍然不高，环境退化程度相对较低，但随着城市化和工业化的发展，它们也面临越来越大的环境挑战。本部分简要介绍各国的环境管理体系。

4.3.2.1 柬埔寨

柬埔寨环境保护主管部门是环境保护部，其主要职责是通过防止、减少及控制污染，保护并提升环境质量和公共卫生水平；在国家决策前，评估项目对环境造成的影响；保障合理及有序地保护、开发、管理及使用柬埔寨王国自然资源；鼓励并为公众提供机会参与环境和自然资源保护；制止影响环境的行为。

1996 年，柬埔寨通过第一部《环境保护法》，这部法律对柬埔寨的自然资源实行开发与保护相结合的制度。根据柬埔寨《环境保护法》，任何私人或公共项目均需要进行环境影响评估；在项目提交柬埔寨政府审定前，由环境保护部予以检查；未经环境影响评估的现有项目及待办项目均需进行评估。环境保护部与有关部门有权要求任何工厂、污染源、工业区或自然资源开发项目所在区域的所有人或负责人安装或使用监测设备，提供样品，编制档案，并提交记录及报告供审核。环境保护部应依据公众建议，提供其相关作为信息，并鼓励公众参与环境保护和自然资源管理。企业不得拒绝或阻止检查人员进入有关场所进行检查，否则将被处以罚款，有关责任人还可能被处以监禁。

除此之外，柬埔寨环境保护部与其他有关部门制定了一系列其他的环保法律法规，包括《固体废物管理法》《水污染管理法》《关于空气污染和噪声干扰管理的行政法规》《关于管理森林资源和消除非法森林活动的法令》等，就柬埔寨进口、生成、运输、再生、处理、储存、处置、排放的污染物、废物和有毒有害物质的来源、类型和数量；噪声、震动的来源、类型和影响范围都进行了明确的规定。

柬埔寨正在努力建立其环评体系。柬埔寨于1999年颁布了有关环境影响评价的法令，规定项目须在其环评报告经柬埔寨发展理事会（CDC）批准后方可实施。柬埔寨《环境保护和资源管理法》（EPNRM）中规定了环境影响评价的具体适用范围，主要集中在工业、农业、旅游业以及基础设施建设4个领域内。环境保护部是环境影响评价的主要管理部门，其他各部门如水利、能源、交通等，为其所负责领域内的项目环境影响评价提供相关意见。同时，各级环境部门须负责同级政府部门之间的协调合作，保证环评的顺利施行。

虽然柬埔寨于1999年就颁布实施了环评法令，但由于条件所限，直到2004年才有部分建设项目开展环评工作。柬埔寨环评人员和法律法规尚处起步阶段。

4.3.2.2 老挝

老挝的环境管理机构为2011年成立的老挝自然资源与环境部，其下属司局包括水资源司、环境司、气象水文司、大湄公河次区域秘书处、环境与社会影响评价司、水资源与环境研究院、土地资源司、土地政策与使用监督司、土地资源信息研究中心、土地规划开发司、森林资源管理司。其主要职能是自然资源的可持续管理与环境质量的保护。2016年老挝召开人民革命党第十次全国代表大会，提出要保证2030年前实现绿色可持续发展，并提出：为实现绿色可持续发展目标，确保自然资源的高效利用与环境保护，对自然灾害与气候变化进行有效应对。

老挝《环境保护法》于1999年颁布，2013年进行修订。新修订的《环境保护法》包括环境退化预防、污染防治、环境影响减缓措施与环境修复、环境保护基金、环境关系与合作、环境管理与监测等。其中关于环境影响评价，老挝明确规定了环评的职责分工、执行方式、参与部门等。老挝环境影响评价分为两种：一种是对环境影响较小的项目，只需要提交初步环境评估报告；另一种是对环境社会有一定影响或影响较大的项目，需要提交完整的环境影响评价报告。

目前，老挝政府正在进行一系列环境法律框架的更新工作，包括对战略环境影响评价的法案与导则的最终完善、对综合空间规划法案与导则的起草、对排污费规定的更新、对环境标志的更新、对环境技术服务的更新以及对环境友好技术及可持续消费相关指导意见的起草等。

4.3.2.3 缅甸

1990年，缅甸成立国家环境事务委员会，负责保障资源，主要目标是制定完善的环境政策，合理利用自然资源，兼顾保护环境。2011年缅甸成立环境保护和林业部，2012年成立环境保护司，2016年建立自然资源和环境保护部。缅甸现行主要环境法规和政策包括:《国家环境政策》《缅甸21世纪议程》《森林法》（1992年）《野生动植物保护和自然区域保护法》（1994年）《公共卫生法》《污染控制与清洁条例》《环境保护条令》《私营工业企业法》《工厂法》（1950年）《领海与海区法》（1977年）《外国渔船捕鱼权法》（1989年）等。总的来说，缅甸的环境管理工作起步较晚，环境制度建设还处于摸索阶段。全面的宏观环境制度有待完善，如环境保护目标、环境影响评价制度等，许多方面的环境标准比如水质标准、空气质量标准、污染物排放标准等大多相关标准还没有制定，这也是造成目前缅甸环境保护可操作性不强的原因之一。

缅甸现有的环境制度可以概括为以下四项：

① 企业污水先处理后排放，即新建企业必须配备污水处理设施，污水处理后方能排入外界环境，但有关污水排放的标准仍未出台。

② 公众排污收费：1993 年柬埔寨实行的《缅甸发展委员会法》规定，对公众排污实行收费的制度，包括产生固体废物的居民家庭和商业场所。

③机动车尾气达标排放。道路运输局制定的机动车尾气排放标准已经实行，有效地减轻了城市空气污染，这项标准是缅甸仅有的一项污染控制标准。

④环境影响评价：缅甸环境部门规定了 7 类在缅的投资项目其中包括纺织服装行业。

外资企业在缅甸开展投资项目，在报投资管理委员会前，需向缅甸环境部门提交《环境评估报告》和《拆迁移民安置方案》，环境部门根据项目情况进行审核。2012 年前，外商投资项目并不需要向环境部门提交环评报告，只需向主管部门提交即可。目前，缅甸新政府和缅甸民众要求外商投资项目必须满足环保要求，环境部门的成立和《环境保护法》的颁布对中资企业在缅投资合作提出了更高的要求。

4.3.2.4 泰国

泰国负责环境保护的政府部门是自然资源和环境部，其主要职责是制定政策和规划，提出自然资源和环境管理的措施并协调实施，下设有水资源厅、地下水资源厅、海洋与沿海资源厅、矿产资源厅、皇家森林厅、国家公园野生动物和植被保护厅、自然资源和环境政策规划办公室、污染控制厅、环境质量促进厅等部门。

泰国关于环保的基本法律是1992年颁布的《国家环境质量促进和保护法》。此外，泰国自然资源和环境部还发布了一系列关于大气、噪声、水、土壤等方面污染控制和保护的法律，包括《大气标准与空气污染控制法》《水质标准与水污染控制法》《垃圾、固体废物及妨碍法》等。这些法律法规对于空气和噪声污染、水污染、土壤污染、废弃物和危险物质排放等标准都有明确的规定，对于违法违规行为有相应的处罚。此外，1975年泰国在《国家环境质量促进和保护法》第46条第一次提出关于环境影响评估（EIA）的强制要求。目前，在泰国自然环境委员会的批准下，泰国自然资源和环境部有权规定必须进行EIA的项目规模和类型。可能对自然环境造成影响的大型项目，必须向自然资源和环境政策规划办公室提交EIA报告，接受审核和修改。EIA报告必须由在自然资源和环境政策规划办公室注册认可的咨询公司出具。

目前，泰国主要环境管理制度包括：

①污染控制制度：国家环境委员会下设污染控制委员会主管总体污染控制，工业工作司主管除工业区工厂以外的工业污染控制，泰国工业区管理局进行工业区的污染控制环境管理包括工业区监测系统，监测内容包括：

废水监测：所有工业区都必须提供集中废水处理设施。工业废水向集中处理系统的排放应达到工业区管理局的规定标准，如果废水超过标准，工厂必须要有预处理系统。

空气污染监测：凡必须向政策与规划办公室提交环境影响评价报告的工厂，都必须按照环境影响评价报告要求监测烟囱排放空气和周围空气，并向该处报告监测结果。

危险废物监测：各工业区的工厂都必须按照工业部第 25B.E2531 号通知监测危险废物运输、贮存和填埋，如果工厂有专营危险管理的承包商，则工业经营者必须向工业区管理局报告该承包商的名称和资格、处置方法、处置与填埋地点等信息。

工业区环境监测：监测工业区的环境质量，包括空气、焚烧炉烟囱排放、噪声水平、地下水、地表水、海水和污泥，分析报告先送交该管理局，然后转呈自然资源与环境部政策与规划办公室。

② 环境法律责任制度：对于危害环境质量的行为规定了较严格的法律责任制度，包括民事责任和刑事责任。

③ 环保基金制度：泰国政府对环境保护和改善工作专门设立了环保基金，并对环保基金的内容和用途以及监督管理机构做了比较详细的规定，形成了比较完整的环保基金制度。

④环境教育制度：1999 年，泰国的教育法案对环境教育提出了一系列新的要求、任务和目标，致力于解决国家目前和未来的环境问题，注意环境质量的保护、补救和提高等。

4.3.2.5 越南

（1）环保管理机构

1993 年越南《环境保护法》第 3 条规定：“国家在全国范围内对环境保护进行统一管理。建立环境保护规划，建立从中央到地方的环境保护体系。”2002 年 8 月，越南国会通过决议成立自然资源与环境部（MONRE），主管六大领域的工作，即土地资源、水资源、矿产资源、生态、水文气象、勘测和地图。

2008 年，越南自然资源与环境部进行机构调整，下设环境总局（VEA）作为国家环境管理的专门机构，负责检查环境状况，防止污染、改善环境质量，保护生物多样性，运用高技术环保技术，提高全民环保意识等工作。环境总局还负责国家环保规划、政策、法规、章程的拟制；国家环保战略的起草，并按职责分工组织实施；在全国范围内建设环境观测站，并管理有关调查数据；负责对生物多样性的跟踪调查，对污染事故进行立案调查，监督自然资源的合理使用；加强环保知识的宣传和普及，对环保先进事迹进行奖励；研究并应用高技术，防止环境污染和环境事故的发生，处理废水、废气，恢复生态环境，发展绿色环保工业；研究并组织参加国际条约、双边和多边环保合作；对各地方、团体和公众进行环保指导；管理越南国家环保基金，接受外国有关组织、个人对环保的投资；处理越战时美军抛洒橙剂的战争后果；管理环保经费的使用；管理各级环保专职人员的编制、培训等；定期或不定期报告环保任务执行情况以及完成其他有关任务。

（2）环保法律法规及政策

越南宪法第 29 条规定："国家机关、人民武装部队、经济组织、社会团体和个人必须遵守国家关于合理使用自然资源和保护环境的各项规定。严禁一切破坏资源和环境的行为。"

根据宪法，越南制订了环境行动计划，并于 1993 年制定了《环境保护法》，1994 年 1 月 1 日正式实施，为越南的环境管理提供了一系列的手段，使越南的环境、资源得以可持续的利用。《环境保护法》共 7 章 55 条，分别对环境保护的基本原则，防止和克服环境衰退、环境污染、环境事故，国家对环境保护的管理，环保国际关系，奖励与处罚等内容进行了规范。越南还颁布了一系列支持 1993 年环保法实施的配套法规、指令和决定，包括 1994 年发布的《环境保护法实施指南》（175-CP 指令），该指南规定了各级管理机构关于环境保护、环境影响评价、环境恶化和污染防治、环境保护督查的各级职权；颁布违反环境保护的行政处罚条例，规定了不同类型的违规行为和惩罚程序，包括废物非法进出口、废水和固体废物处理和运输、噪声污染等（1994 年）；1995 年，越南颁布《国家环境标准》（TCVN-1995），包括水质标准、工业废水排放标准、环境空气质量标准、工业废气排放标准、公共场所和住宅区的噪声和振动、土壤质量标准。

大部分环保法律强调废物的终端处置。越南的大多数环境立法都强调对产生的废物进行处理以符合国家环境要求标准。越南规定企业或组织应安装废物处理设施以符合环保标准，并防止环境恶化和事故。1996 年 12 月，“越南环境标准的实施”迫使工业和企业付钱处理生产过程中产生的废物。

2005 年 11 月 29 日，越南国会通过了修订的《环境保护法》，新《环境保护法》共 15 章 136 条，比原法增加 8 章 81 条，内容做了较大的调整和细化。新法主要规范了环保的基本原则，预防环境不利影响，克服环境事故、改善环境质量，制定环境评价标准，对环境信息和资料进行管理，规定各级党委、政府、团体在环保方面的职责，并涉及对违反环保行为的调查、处理、起诉、环境的国际合作等内容。新法更具可操作性，对各部门的职责也做了更加清晰的划分。

2014 年，越南进一步修订《环境保护法》，于 2015 年 1 月 1 日开始实施修订后的《环境保护法》。该法为指导越南工业发展和经济增长绿色化、应对气候变化、维护环境安全等提供框架支持，帮助越南实现所缔结的国际公约中环保相关方面的承诺。现行《环境保护法》鼓励保护、合理使用和节约自然资源，严禁破坏和非法开发自然资源；严禁采用毁灭性的工具和方式开发生物资源；严禁不按环保技术规程运输、掩埋有毒物质、放射性物质、垃圾和其他有害物质；严禁排放未处理达标的垃圾、有毒物质、放射性物质和其他有害物质；严禁将有毒的烟、尘、气体排放到空气中；严禁进口或过境运输垃圾；严禁进口未经检疫的动植物；严禁进口不符合环保标准的机械设备。

越南政府对环境保护日益重视，其国内工程开工前，都必须经过严格的环保核查，环保部门定期对企业的环保情况进行检查，不达标的企业须马上进行停工整顿并接受处罚。所有生产企业须安装污染控制和处理设备，以确保符合相关的环境标准。2016 年 11 月，越南政府出台关于环保行政处罚规定的第 155/2016/ND-CP 号议定，提高了违反环保法规的行政处罚力度。根据该法令，个人环保违规行为最高将被罚以 10 亿越盾（约合 4.44 万美元），机构组织罚金最高为20亿越盾(约合8.88万美元)。个人违反工业区、出口加工区、贸易区和贸易镇的环保法规，将被处以500万至5亿越盾（合220～2 220美元）的罚款。个人违规排污，特别是排放有毒污染物的，将被处以30万到10亿越盾的罚款（合13万～4.4万美元）；个人违法海洋环境保护法规的，将被处以2.5亿至10亿越盾（合1.1万～4.4万美元）。如为机构或组织实施上述行为，则罚款为个人罚款的2倍。

越南法律规定，所有在越南境内从事经营活动的企业，都必须遵守越南关于环境保护的国家标准（TCVN）和相关技术规范（QCVN）。标准由相关组织以文件形式公布，自愿采用，而技术规范由国家职能部门以文件形式发布，并强制实施。

越南关于环境保护的国家标准体系主要包括周边环境质量和废弃物质排放环保标准。周边环境质量标准包括：各种用途的土地环保标准；各种用途的地表水和地下水环保标准；服务于水产养殖和娱乐项目的沿海水域环保标准；城市和农村居民区空气标准；居民区噪声环保标准。废弃物质排放环保标准包括：工农业生产废水排放、工业气体和固体排放及有毒物质排放环保标准。

越南关于环境保护的技术规范体系主要包括废水排放技术规范（21项）、废气和噪声技术规范（8项）、危害性污泥（土）污染度技术规范（6项）、水源和生活用水技术规范（6项）等。

（3）环境评估规定

①负责环境评估的机构。对于国家级或跨省的投资和工程项目，环境评估委员会成员由项目审批部门、政府相关部委、有关省份人民委员会的代表以及相关行业的专家组成；对于省级投资和工程项目，环境评估委员会成员由所在省或直辖市人民委员会和环保部门代表及相关行业专家组成。环境评估结果将作为项目审批的依据之一。

越南自然资源与环境部负责组织对国会、政府和政府总理审批的项目进行环境评估；政府相关部委负责组织对本部门审批的项目进行环境评估；省人民委员会负责对本省审批的项目进行环境评估。

②需要提供环境报告的投资或工程项目。国家级重点建设项目；使用自然保护区、国家公园、历史文化遗迹和旅游胜地部分土地的项目；有可能对内河流域、沿海地区和生态保护区造成不良影响的项目；工业区、经济区、高新技术区和出口加工区建设项目；新都市和居民聚集区建设项目；地下水和自然资源大规模开发和利用项目；对环境有较大潜在不良影响的项目。

③环境报告主要内容。列明项目具体建设细节、对项目所在地环境状况总体评价、项目建成后可能对环境造成的影响及具体应对方案，承诺在项目建设和运营过程中采取环保措施，当地乡一级人民委员会和居民代表的意见等。主管部门对环境报告的审批时间为 15 个工作日。

（4）纺织业污染防范措施

出于对工业污染的担忧，越南地方政府采取不核发纺织和染整投资许可的措施。部分省市如岘港、同奈和巴地头顿等已逐步限制审批技术落后造成污染的印染项目。为了外国投资者继续对纺织服装业进行投资，纺织服装协会代表建议政府和工贸部尽早制定到 2040 年的越南纺织服装战略和对废物处理满足标准的纺织服装工业区进行规划，营造稳定政策基础，彻底解决分散投资、不健康的劳动力竞争等现状。

2018 年，越南工贸部拟向政府提出纺织工业可持续发展的措施，建议政府和各省对纺织、染布行业应有统一完善的政策，促进出口增长，使其达到一定程度后拉动发展纺织工业。提出严格处理环境问题的方向，但不能因此而拒绝纺织业。另外，需要打造纺织业的工业区、工业集群，降低废水处理费用成本 。

4.3.2.6 总结

各国基本搭建了环境管理机构以及环境保护的基本法律法规体系，但环境机构的能力水平以及管理体系的全面性、有效性和可执行性等还有较大差别。部分国家如泰国已经建立了较为健全的环境管理体系，包括法律法规、配套制度和标准等，部分国家如缅甸、老挝需要更多法规和标准来支撑其环境管理政策的执行。另外，尽管各国的环境保护意识不断提高，但比起经济发展，环境管理并不是当前发展的第一要务，因此环境保护法律法规在制定和执行时往往有局限性。

值得注意的是，非政府组织在推动各国环境保护方面的作用不容忽视。除老挝境内环保组织相对较少外，其他国家境内非政府组织非常活跃，尤其是柬埔寨。据统计，柬埔寨境内有 3 300 多家非政府组织，他们在推动柬埔寨政治、社会发展方面发挥了重要作用。当地许多外资项目在规划和建设过程中都能看到环保类非政府组织的身影。这些组织往往关注外商投资采用的环保标准、对当地环境和社区的影响、项目信息公开和社区沟通等问题，从某种程度上加大了投资难度，因此，外商投资过程中应做好和这些组织的沟通和协调，重视他们关注的问题，并及早进行梳理。

具体到纺织行业，由于各国纺织产业链各不相同，因此面临的环境管理压力并不一致。对于缅甸、老挝、柬埔寨三国，目前纺织行业主要以后端服装制造为主，特征性污染少，加上纺织行业一方面只是众多行业投资的一部分，另一方面承担着当地经济发展和出口创汇的任务，因此环境压力较少。而对于泰国和越南，目前纺织行业已经具备全产业链，包括污染较为严重的印染行业，其环境管理和污染防治主要依据国家关于工业领域的环境管理和污染控制。

4.3.3 中国纺织行业和纺织工业园区环境管理

4.3.3.1 中国纺织行业主要污染状况

中国纺织行业主要包括纺织业、印染业、化学纤维制造业、服装业、纺织专用设备制造业等主要行业。其主要污染物包括废水、废气、废渣以及噪声等，其中以废水污染为主。纺织行业废水主要包括印染废水、化纤生产废水、

洗毛废水、麻脱胶废水和化纤浆粕废水5种，其中印染废水是中国工业系统重点污染源之一。2010年废水污染物排放总量（以COD计）则位于各工业部门第四位。印染废水是含有一定量难生物降解物质的有机性废水，其污染物浓度（COD）高、色度深，是难处理的工业废水之一。纤维不同，所用染料、助剂也不同，废水性质差别很大，主要污染物包括可溶性有机物、有毒物、色度、酸、碱和油类，污染物多为难以生化降解的物质，废水的可生化性差，因此处理难度也大。

纺织行业废气主要来自行业内的数万台锅炉，这些锅炉绝大多数以煤（包括一部分原煤）为燃料，这些煤含有一定量的硫，在燃烧过程中排放出大量的燃烧废气、二氧化硫和烟尘，带来环境风险。纺织废气的另一主要排放源来自纺织生产工艺过程，主要来自化学纤维尤其是黏胶纤维的生产过程。化纤生产过程中使用了大量的二硫化碳和硫化氢为合成原料，但由于工艺原因和过程控制得不彻底，导致了一部分含硫废气的排放。

因此，《纺织工业发展规划（2016—2020 年）》把加快绿色发展进程列为几个重点发展任务之一，行业也把“加快形成纺织行业绿色制造体系，促进清洁生产技术的普遍应用，引导突破一批废旧纺织品回收利用关键共性技术，促进循环利用纺织纤维量占全部纤维加工量比重继续增加”作为 2017 年的重点工作。

4.3.3.2 中国纺织行业环境管理现状

近年来，中国环境保护管控力度持续加大。《环境保护法》《水污染防治法》《大气污染防治法》《环境保护税法》等不断出台。相应的环境管理标准也不断完善。表 4-12 列出了中国纺织行业主要执行的环境管理标准，包括国家标准、行业标准和地方标准。目前，中国纺织行业废水排放针对麻纺、毛纺、缫丝以及染整等不同类别的废水排放出台了专门的国家标准，关于纺织行业废气排放执行《大气污染物综合排放标准》（GB 16297—1996）和《恶臭污染物排放标准》（GB 14554—1993），关于印染行业针对性的《纺织印染工业大气污染物排放标准》已经有地方标准，国家标准也将出台。其他关于企业环境保护设计、职业安全等也有相应的控制标准。具体到企业，行业准入、环境影响评价、清洁生产、固定源排放控制、排污许可等管理涉及了企业从规划、建设到运营的全过程。

表 4-12 中国纺织行业环境管理主要执行标准

标准范围	标准名称及编号	标准类别
综合环保标准	《纺织工业企业环境保护设计规范》（GB 50425—2008）	国家环境标准
	纺织印染工业排污许可证申请与核发技术规范（HJ 861—2017）	行业环境标准

标准范围	标准名称及编号	标准类别
废水排放控制	麻纺工业水污染物排放标准（GB 28938—2012）	国家环境标准
	毛纺工业水污染物排放标准（GB 28937—2012）	国家环境标准
	缫丝工业水污染物排放标准 (GB 28936—2012)	国家环境标准
	纺织染整工业水污染物排放标准（GB 4287—2012）	国家环境标准
	纺织染整工业废水治理工程技术规范 (HJ/T 471—2009)	行业环境标准
废气排放控制	大气污染物综合排放标准（GB 16297—1996）	国家环境标准
	恶臭污染物排放标准（GB 14554—93）	国家环境标准
	锅炉大气污染物排放标准（GB 13271—2014）	国家环境标准
	纺织染整工业大气污染物排放标准（DB 33962—2015）	地方环境标准
职业安全	纺织工业企业职业安全卫生设计规范（GB 50477—2009）	国家环境标准

总之，中国纺织行业是国家环境保护重点控制和管理的行业。在国家监管和行业推动的情况下，中国纺织行业在资源利用、污染排放以及循环经济等方面已经取得了一些成效。根据《纺织工业发展规划 (2016—2020 年)》，“十二五”时期，中国纺织行业百米印染布新鲜水取水量由 2.5 吨下降到 1.8 吨以下，水回用率由 15% 提高到 30% 以上，全面完成单位增加值能耗降低、取水下降以及污染物总量减排等约束性指标。再利用纤维占纤维加工总量比重由 2010 年的 9.6% 提高到 2015 年的 11.3%。未来，加快绿色发展进程仍然是纺织行业发展的重中之重，加快形成纺织行业绿色制造体系，促进清洁生产技术的普遍应用，引导废旧纺织品循环利用将成为纺织行业发展的重要工作方向。

4.3.3.3 中国纺织工业园区环境管理现状

（1）中国纺织工业园区发展现状

中国纺织产业集群①效应显著。20 世纪 80 年代，中国首先在浙江、广东、江苏等地区出现一些产业集群或“准集群”的形式，随后不断发展并向周边

① 产业集群是指以一个主导产业为核心，相互关联的行为主体，在特定区域空间上集聚，根据专业化分工、协作建立起来的有机整体。

地区和更大的产业范围扩展。产业集群已经成为中国纺织行业重要的产业组织形式。当前中国已经形成了规模庞大、行业特色明显的几百个行业集群。与中国纺织工业联合会建立试点关系的产业集群共计有209家，分布在全国21个省区。这些产业集群通过产业分工合作、资源有效配置以及规模经济效应等提升了行业竞争力，对中国参与国际竞争，成长为世界纺织服装制造中心功不可没。

工业园区成为中国区域纺织产业发展和升级的重要载体。中国纺织产业在区域发展的过程中，各地政府都把工业园区规划建设作为一项重要举措，引导和吸引企业向园区集中，不断优化园区软硬件环境，提升园区服务水平，实现园区资源高效利用、环境污染统一治理、基础设施及公共平台共用、管理统一规范等，助力纺织产业集群绿色发展。随着经济社会发展进入新阶段，园区招商引资也由原来主要依靠拼优惠政策，对产业不加选择地引进，开始转变为重视产业规划策划，根据区域要素资源环境和总体发展规划有选择地开展招商对接和产业培育，注重突出特色，打造差异化优势；更有越来越多的园区把创新作为持续发展的第一动力，着力优化营商环境，把创业、创新型人才和企业家队伍的引进和培育作为重中之重。

目前，已经有一批创新型、特色型的工业园区脱颖而出，为促进行业转型升级起到了积极示范作用。据统计，全国有12家纺织专业园区获得工信部评定的国家新型工业化产业示范基地称号，20家纺织工业园区和平台入选工信部纺织服装创意设计试点园区（平台），44家中西部地区园区成为中国纺织工业联合会产业转移试点园区。

（2）中国纺织工业园区环境管理现状

中国工业园区的发展与改革开放后经济技术开发区的建设关系密切。中国经济技术开发区经历了四个阶段。这个过程中，中国不断深化改革开放，经济体制从计划经济发展为市场经济，开发区从主要分布在东部沿海地区发展到全国范围内进行布局，其发展重点方向也从基础设施、招商引资逐步发展到产业集群和产城融合。除了国家级经济技术开发区，中国工业园区类型还包括国家级高新技术开发区、出口加工区、保税区、边境经济合作区、旅游度假区和省级工业园区 / 开发区。表 4-13 为中国当前的工业园区主要类型。

以工业园区（开发区）为载体的工业化大大推动了经济的发展，但也付出了很大的环境代价。工业园区由于资源消耗和污染排放集聚，导致环境影响集聚，对区域生态环境影响显著。工业园区一度成为高污染、高能耗区域的代名词。为解决工业园区环境污染问题，中国于 2000 年引入生态工业园区的概念，开始推动生态工业园区的建设。2003 年原国家环保总局首次推出《生态工业园区规划指南》并在同年推出《国家生态工业示范园区申报、命名和管理规定（实行）》，对示范园区的申报、命名和管理规定进行了规范。截至 2017 年全国共有 45 家生态工业示范园区。

表 4–13　中国工业园区的类型 ①

类型	级别	管理机构
国家级经济技术开发区	国家级	商务部
国家级高新技术产业开发区	国家级	科技部
出口加工区	国家级	海关总署
保税区	国家级	海关总署
边境经济合作区	国家级	商务部
旅游度假区	国家级	国家旅游局
工业园区 / 开发区	省级	发改委 / 经贸委

尽管国家正大力推进生态工业园区的建设，但当前仍有很大一部分园区不具备稳定治污能力、长期处于环保及格线以下，且数量多、分布广，对区域、流域的生态环境损害巨大且持续，仍然是工业园区环境管理的主要矛盾。但随着新《环境保护法》的出台实施，水 / 气污染防治计划的推进以及各类环保督查和专项行动治理，工业园区环境监管更为严格。从园区环境保护方面，

① 田金平，刘巍，臧娜，等. 中国生态工业园区发展现状与展望 [J]. 生态学报，2016,36(22).

2015年原环保部发布《关于加强工业园区环境管理工作的指导意见》（公开征求意见稿），制定了六大条二十小条的管理规定，涉及规划和准入、监管、风险防范、环境管理、责任落实、信息公开等方面，指导中国工业园区环境管理。

纺织行业工业园区环境管理现状类似于国家工业园区。同样地，部分优秀园区已经在资源高效利用、环境保护等方面取得了优异的成绩，但也有大部分园区或集群地仍存在污染问题，需进一步加强管理。

（3）纺织工业园区环境管理案例分析

纺织产业作为中国传统民生支柱行业，其发展已经进入新阶段。一方面，随着国际经济和贸易格局不断变革，行业面临发达经济体和新兴经济体的双向竞争挤压；另一方面，随着环境和资源约束不断加剧，国家对水体、大气污染排放的控制标准更趋严格，行业污染防治面临更多挑战。而生产力要素成本增高、消费结构升级加快、产能结构的突出矛盾等也挤压了纺织行业发展的利润空间。因此，纺织产业转型升级，走可持续发展之路，势在必行。部分产业集群已经开始实践，并取得了好的成效。

①绍兴柯桥滨海工业区蓝色印染小镇。

从产业集群角度推动工业园区建设，实行环保升级可以参考浙江绍兴柯桥滨海工业区蓝色印染小镇。柯桥区按照“绿色高端、世界领先”的要求，实施印染产业整治提升工程，加快实施蓝印时尚小镇建设，让柯桥印染由“铺天盖地”逐步迈向“顶天立地”，实现了从量到质的蜕变。

举措一：加快推进整合兼并重组。

从2016年年底开始，柯桥通过“整合集聚一批、退出淘汰一批、兼并重组一批”，进一步加快印染企业向滨海工业区集聚提升。按照“集聚区、提升区、退出区”的空间布局，退出区108家印染企业中，已有61家企业按日排污指标不少于1万吨的标准整合成17只项目拟集聚滨海，20家企业被兼并重组，27家拟退出转型。到2018年，全区印染企业从现有的200家整合到100家左右，并全部集聚到滨海工业区，努力打造成为具有明显产业特色和较强国际竞争力产业集群。

举措二：严格项目集聚准入标准。

柯桥区成立了区集聚项目综合评估审核委员会，由区长担任审核委员会主任，分管区长担任审核委员会副主任，业内专家、政府部门业务骨干、企业代表等组成委员会成员，根据《绍兴市印染行业落后产能淘汰标准（试行）》《绍兴市印染行业先进工艺技术设备标准》和《绍兴市印染企业提升环保规范要求》，对项目落户前的厂房设计、“三废”治理、工艺流程等实施审核，达不到集聚标准和要求的不予通过。

举措三：同步跟进配套设施建设。

印染集聚区内水、电、气和污水、污泥、废气处理等基础设施同步推进建设，其中，110 千伏环塘变、滨海第二水厂（一期 10 万吨 / 日）、龙德环保二期、滨海热电二期、天然气滨海门站及连接线工程、园区路网工程等已全部建成投运，20 万吨 / 日污水集中预处理工程二期 2019 年 6 月顺利投运，达到了 40 万吨 / 日污水集中预处理能力，可全面满足印染产业集聚区企业污水排放需求，当前日均纳管处理达 27 万吨。三期配套累计已完成投资 46.64 亿元，占总投资的 80.8%。

举措四：合力打造绿色生态园区。

加强生态治理，积极实施集聚区“三废”综合治理，研究制定印染企业“三废”治理的方案与措施，目前在集聚区和提升区已有 5 家企业开展试点；滨海工业区内印染企业已全面完成污水池封闭式改造，92% 的定型机完成废气装置升级改造，江滨水处理公司除臭项目完成加盖并运行。培育标杆企业，积极推动有条件的企业股改上市，全面增强行业竞争力，目前，乐高印染、迎丰印染、南燕印染等企业已启动股改上市。

举措五：规划建设蓝印时尚小镇。

在推进全区印染产业整治提升的同时，柯桥以印染集区建设为主要载体，积极申报省级特色小镇，全力创建蓝印时尚小镇。12.3 平方千米概念规划与核心区 0.8 平方千米规划全面进入建设加速度，目前渐入佳境，小镇客厅、印染文化历史博物馆已初现状态。

柯桥自 2016 年年底开始印染产业整治提升，打造滨海工业区和蓝色印染小镇，通过五大举措强势推进柯桥区印染产业转型升级，取得了很好的环保和经济效益。2018 年 1—7 月，柯桥印染产值下降了 7.7%，销量下降了 5.6%，但利润却上升了 8.9%。

②江苏盛泽纺织产业集群绿色发展。

江苏盛泽镇是国内主要的丝绸纺织生产基地、出口基地和纺织品集散地，其丝绸纺织约占整个工业经济总量的 90%。近年来，随着纺织产业转型升级步伐加快，智慧、环保、和谐等绿色发展理念融入产业，盛泽镇以智慧转型、环境保护和产业链提升三重措施推动纺织产业绿色发展，奠定了产业可持续发展的基石。

智慧转型：盛泽镇在中国东方丝绸市场区域建设集商品交易、信息交流、时尚发布等功能于一体的现代化智慧商城——东方纺织城；推进智能化车间和装备使用，通过龙头骨干企业示范带动，实现数字化和智能化车间生产，最大限度地激发企业创新活力和转型动力。

环境保护：盛泽镇推动“263”环境政治专项行动，计划用三年时间将喷水织机总数削减 30% 以上，中水回用率从 10% 提升达 100%；取缔“三无三废”企业，淘汰燃煤小锅炉，开展印染和涂层行业的大气污染治理专项；出台《关于推进企业转型升级的实施意见》，从能源审计、技改节能、循环示范、清洁生产、减排增效等方面引导企业绿色生产。

产业链提升：盛泽镇重点发展科技含量高、产业链顶端的新兴行业，如差别化纤维生产、高档喷气织机、针织产业等；推进循环纺织产业园建设，在不增加排污、提升治污质量的前提下，通过技术改造，提高印染及加工整理产能，改善纺织产业链结构；建设国家级出口丝绸及产品质量安全示范区，提升盛泽地区出口丝绸纺织产品总体质量水平和核心竞争力，增强国际影响力和竞争力。

近年来，盛泽镇通过创新驱动发展，以绿色纺织、时尚创新、“互联网+”等为主要措施，从多方面加快可持续发展，推动纺织产业不断加快转型升级，为经济发展注入强大的内生动力。

③广州新塘环保工业园。

具体到工业园区的环境管理模式，可以以广州新塘环保工业园为例①。广州新塘环保工业园统一规划建设了印染洗漂行业生产区域，配套建设热电联产热电厂、工业净水厂和印染污水处理厂。其中热电联产机组装机容量为2×100兆瓦+2×330兆瓦，工业净水厂供水规模24万立方米/天，印染污水处理规模为15万立方米/天。目前，入园生产的印染企业达六十多家，随着多年的探索发展以及园区规模的不断扩大，其环保效益和经济效益正日益显现。

集中供热替代原企业分散自主供热：

一方面大大提高了供热效率，2016年全年综合热电比87%，锅炉热效率90%以上，而企业通常购置的小型快装型过滤热效率只有65%～70%，相较于分散小锅炉可以节煤达25%以上。

热电厂两条烟囱取代了多条小锅炉直排小烟囱，热电厂烟气通过脱硝、脱硫、除尘等措施实现烟气洁净排放，改善分散烟囱处理设施效率低下和难以管理的问题。

集中工业供水：

园区配套水质综合利用中心，用于给印染企业和配套热电厂提供工业用水。净水厂内设工业废水处理系统主要包括净水处理系统（主要处理电厂冷凝器冷却水出水）、脱硫废水预处理系统和好氧生活污水处理系统（主要处理电厂脱硫废水、一般工业废水和净水厂废水）。净水厂水源全部取自电厂

① 庄钦宏，汤金花．关于纺织印染行业环保治理和建设生态工业园的设想[J]．中国人口·资源与环境，2017(S2).

和净水厂内部工业废水，经分类处理后达到印染洗漂工业用水标准和热电厂工业用水标准，实现废水的梯级综合利用。再生水回用可以节省购买城市自来水，节约大量成本。

集中污水处理：

印染的废水具有水质复杂、高有机物、高碱度、高 pH、可生化性能较差、细小纤维多、污水水质和水量波动大等特点，对独立的印染漂洗企业而言，污水处理设施投入较高，且管理难以跟上。而园区集中污水处理设施每天处理能力为 15 万立方米，采用旋转格栅 + 物化预处理 + 水解酸化 + 好氧生化 + 深度物化处理工艺，以管网收集六十多家印染洗漂企业的污水，集中进行处理。这种方式不仅减少了印染企业的固定资产投入和管理成本投入，还可避免小型水厂水质单一和水质随季节波动大使得生化处理单元运行不稳定的情况。

广州新塘环保工业园经过近十余年探索、技术改造和模式创新，纺织印染企业以及集中供热、集中供水和集中污水处理三大配套企业均逐步形成了稳定成熟的运行方式，工业园区通过集中污染治理、节能和资源利用措施，取得了良好的环保和经济效益。

4.3.3.4 经验和需求分析

从理念来看，中国纺织行业正处于转型升级阶段，行业龙头企业已经充分意识到可持续发展的重要性，并应用于实践，取得了较好的社会和经济效益。从模式来看，中国纺织产业主要呈现集群化、规模化发展，在从产业链提升、规模效益、环境统一治理、统一规范管理等方面都积累了丰富的经验。从技术和设备来看，中国纺织产业已经具备世界最完整的全产业链、最高的加工配套水平，具有较高的竞争优势。从标准、规范、指南来看，基于国家生态环境建设和日趋严格的环境管理大背景，中国在纺织行业可持续发展尤其是环境保护方面已经出台了较为全面的标准、规范、指南等配套文件。另外，近年来，国家和行业推动的示范项目也提供了很好的实践参考。

事实上，由于产业规模大、产业问题复杂，中国纺织行业环境管理方面仍然有很长的路要走。但作为纺织行业最大的生产国和出口国，中国行业发展曾面临的问题正是湄公河国家正在面临或将会面临的问题。因此，中国在发展过程中无论是经验还是教训，都能为湄公河沿线国家行业发展提供参考，通过合作共赢，打造具有竞争力的区域产业链。

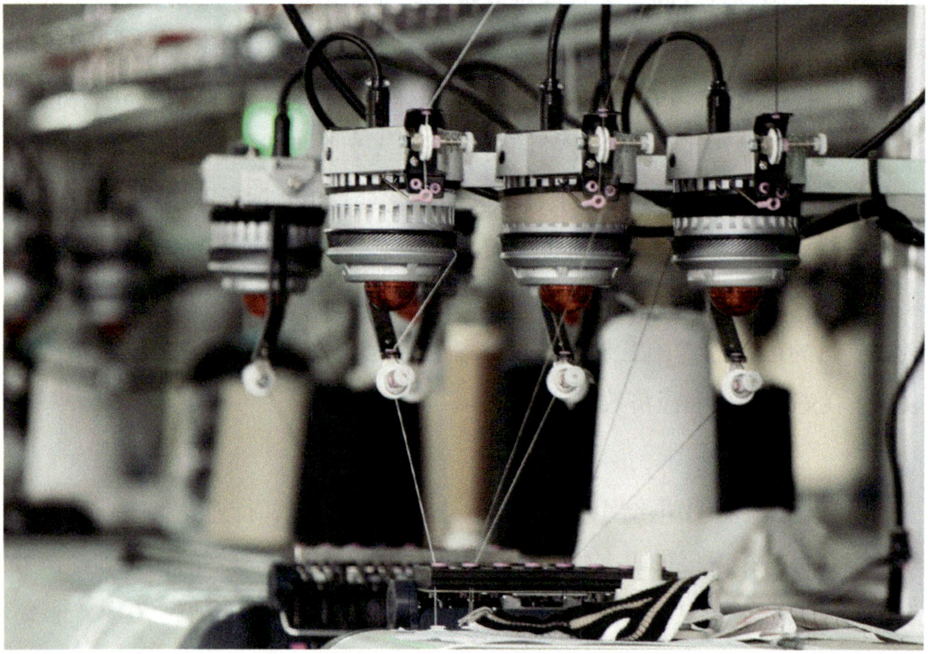

4.4 澜湄国家工业园区绿色化发展实践

4.4.1 中国工业园绿色化进展与经验

当前，资源和环境因素对全球可持续发展的约束作用日益凸显，“绿色”已逐渐成为世界各国发展的潮流和趋势，各国都积极倡导、追求绿色、节能低碳和可持续发展。随着《2030 年可持续发展议程》和《巴黎协定》等重要国际协议的达成，全球绿色发展已成为国际社会的大势所趋、潮流所向。中国一直高度重视资源节约和生态环境保护工作，2015 年 4 月 25 日《中共中央 国务院关于加快推进生态文明建设的意见》的发布，首次以党中央、国务院的名义对生态文明建设进行专题部署，强调把绿色发展转化成为新的综合国力和国际竞争新优势。同年 5 月 8 日，国务院发布《中国制造 2025》，强调了“绿色发展”的理念，并提出明确要求“坚持把可持续发展作为建设制造强国的重要着力点，加强节能环保技术、工艺、装备推广应用，全面推行清洁生产。发展循环经济，提高资源回收利用效率，构建绿色制造体系，走生态文明的发展道路”。

4.4.1.1 中国工业园区环保面临的新形势

（1）生态文明和转型升级绿色发展的总要求

党的十七大、十八大、十九大都提出了建设生态文明的目标和任务，而且一次比一次更加明确具体全面，特别是十九大提出“五位一体”的生态文明建设总目标总任务，重点完善生态文明制度体制机制设计和建设。通过生态文明建设，促进中国社会政治、经济、文化、环境相互之间的协调和谐平衡稳定持续发展，对国家层面的发展包括了创新发展、协调发展、绿色发展、开放发展和共享发展五大发展理念，对产业发展包含了循环发展、绿色发展和低碳发展三大发展理念。“5+3”的发展理念和要求，是统领各行业各区域发展的总要求，工业园区的发展也必须要融入国家发展和产业发展的大趋势和总要求中。建设生态文明必须实施绿色发展，实施绿色发展本身就是建设生态文明的实践。

（2）以环境污染控制和环境质量改善相结合为目标的环境管理战略转型

注重环保投资更注重环保效益，注重环保设施建设更注重环保设施正常运行，注重污染源头和过程监管更注重实际效果监管，注重污染控制减排数量更注重环境质量改善，注重废物的减量化、资源化、无害化以及协同减排的综合环境绩效。这对工业园区环境污染治理的理念、规划、措施、技术和管理都提出了新的要求。

（3）空前严格的环境监督执法和违法责任追究

建立了各级党政部门领导、环保部门、相关管理部门、生产企业、环境污染治理服务公司及负责人各自的环境保护责任制度和责任追究制度，建立日常环境监督检查和逐级环保督查制度、限批约谈制度、违法通报制度、终身环境责任制度、生态资产核算制度、离任环境审计制度等，运用各种手段严肃查处各种环境违法行为。在环境责任方面扩大了责任的范围，纪检、监察、司法手段综合运用，把行政措施、行政责任、党纪责任、经济责任、法律责任、经济赔偿责任等结合起来，处罚政府部门环境管理不作为的渎职行为和生产企业的环境违法行为，这些措施必然对相关各方产生巨大的压力，这些压力最终都会转移到工业园区的管理部门和生产企业身上。

（4）精细化环境管理制度的建立完善和实施

在环评制度改革方面，实行政策环评、规划环评、项目环评；逐步取消环评单位资质制度，实行环评单位责任制；企业自主环评自主验收，对结果自负责任。在实施排污许可制度方面，进行污染物种类、排放方式、排污浓度和总量限制；征收环境税，合法排污与非法排污实行差别化税率；排污权交易制度方面，进一步扩大和完善排污交易市场体系，在核定的总量范围内减少的排污量可以进行交易。实际上是污染预防、排污限制、积极制约和经济激励措施的综合运用。在放管服方面，制定各级权力责任清单和负面清单，严格界定权利范围和责任，该管的坚决管好，不该管的不越权管理，在管理的同时做好服务工作。

（5）覆盖全国的三大环境保护攻坚战的深入开展

为了尽快实现改善环境质量的目标，国家组织开展了覆盖全国的蓝天、碧水、净土三大环保攻坚战，对水、大气和土壤环境保护制定了明确的目标和措施，在不同的区域采取不同的措施和提出不同的要求，因地制宜地开展工作，有的区域实施特别排放限值，有的行业实施超低排放标准，有的区域或行业要求提标改造，实施更严格的排放要求，有的区域实施联防联控，扎实有力地推进这三大战役的实施，工业园区也必将是打好这三大战役的主力军，是环境保护重点监管的对象。

这些新的政策制度法规管理都使得工业园区的环境保护面临着新的形势，提出了新的更高的要求，产生了巨大压力和挑战。

4.4.1.2 中国工业园区环境问题的特征

从总体上看，中国工业园区及面临的环境问题有以下几个方面的特征：

中国工业园区数量大、分布广，从国家、省、市、县，甚至一些乡镇都建设了工业园区，尤其是中国的中东部及发达地区，可以说是各种类型的工业园区密布。这两年国家对各类工业园区进行了清理整顿，采取了适度压缩、相对集中、优化升级的措施，园区数量有所减少，但是规模总量还是巨大的，也更加集中，使得污染排放也更加集中，排放总量也很大。

全国不同地域的工业园区的规模大小、发展水平、产业结构、管理水平以及所面临的外部及自然环境都参差不齐，相差很大，发展非常不平衡，面临的环境问题同样也是错综复杂的。近几年国家在工业园区推进国家生态工业示范园区建设、绿色园区建设、循环经济示范园区建设，实行清洁生产和环保领跑者制度，对工业园区的经济发展和环境保护起到了积极的推进作用，但仍然面临环境污染问题的巨大压力和严峻形势。

工业园区集中的产业门类多，经济总量大，有关资料显示，工业园区的GDP总量占全国总量的60%以上，其污染负荷也占全国总量的60%以上，而且污染排放比较集中，污染因子种类也比较复杂，治理比较困难，有些工业园区离城区比较近，有些园区是产城融合布局和建设，环境敏感点多，环境风险和压力都很大，环境污染问题更加突出，是中国环境污染治理的重点和难点地域。因此，生态环境部最近把工业园区列为环境监管的重点对象进行重点监管。

工业园区主要包括管委会、企业型和混合型三大类体制，且绝大多数采取的是管委会模式。国家工业园区的园区管理机构作为当地政府派出机构，具有较大的经济管理权限和相应行政管理职能，但不具备处罚企业的职能。大部分园区没有专门负责环保工作的独立队伍，有的只是由三四个人兼职管理环保。

这些特点使得工业园区环境保护的难度大，技术要求高，任务非常艰巨。

4.4.1.3 中国生态工业园区发展历程

随着产业生态学等环保理念和方法引入中国，许多工业园区积极探索和实践生态化发展。目前，中国生态工业示范园区已成为解决发展中造成的沉重环境代价的试验田。

1999年，国家环保总局开始在全国率先进行推进生态工业、促进区域环境污染综合整治的理论研究和实践探索。

2001年起，国家环保总局首先在广西、内蒙古、山东等地进行了生态工业园区建设试点。8月，中国第一个国家生态工业示范园区示范工程——贵港国家生态工业（制糖）示范园区开始试点建设，拉开了中国进行生态工业园区规划与建设系统性探索工作的帷幕。

国家生态工业示范园区按照其发展特点可分为系统性探索、规范化管理与新时期发展三大阶段。

（1）系统性探索阶段（2001.08—2007.04）

2003年，国家进一步将生态工业理念引入各类经济开发区、高新区，开始了中国国家层面生态工业园区规划建设的探索实践。

截至2017年4月，生态工业示范园区工作初见成效，24个园区获得原国家环保总局批复同意创建国家生态工业示范园区。主要特点有：第一，各类工业园区生态化改造需求凸显；第二，静脉产业类生态工业园区建设启动；第三，建立园区分类指导原则。

（2）规范化管理阶段（2007.04—2011.12）

2007年4月，国家环保总局、商务部和科技部联合发布了《关于开展国家生态工业示范园区建设工作的通知》（环发〔2007〕51号）。三部门联合在国家级经济技术开发区、国家高新技术产业开发区中开展国家生态工业示范园区建设工作。建立了部门联合开展生态工业园区建设的新机制，生态工业园区建设进入了一个新的阶段。

2008年5月，环境保护部、商务部、科技部在天津市召开第一次国家生态工业示范园区建设工作会议。会议围绕贯彻落实科学发展观，总结交流了国家生态工业示范园区建设的成果和经验，并研究部署了下一阶段的工作重点。这一阶段生态工业园区创建工作的主要特点有：第一，环保、商务、科技三部门共同推进；第二，国家生态工业示范园区验收命名工作开始启动；第三，低碳经济成为国家生态工业示范园区建设的新要求。

（3）新时期发展（2011.12至今）

2011年12月，环境保护部、商务部和科技部联合发布《关于加强国家生态工业示范园区建设的指导意见》（环发〔2011〕143号）（以下简称《意见》）明确提出国家生态工业示范园区建设的总体要求，统筹布置了7项重点任务，要求不断完善园区生态化发展的制度和政策体系及强化配套保障措施。《意见》的出台，标志着中国国家生态工业示范园区建设进入了新时期发展阶段。

党的十八大将建设生态文明提到前所未有的高度，生态工业示范园区是生态文明在工业领域的重要实践形式。中国政府多个部门从多角度积极推进园区的绿色、低碳和循环发展（如图4-2所示）。2013年以来中央政府出台的《关于加快推进生态文明建设的意见》《循环经济发展战略及近期行动计划》《国务院办公厅关于促进国家级经济技术开发区转型升级创新发展的若干意见》等一系列重要文件中，均明确指出与园区绿色、低碳、循环发展相关的内容，凸显了园区绿色、低碳、循环发展对中国加快经济发展方式转变，建设资源节约型、环境友好型社会的重要性。

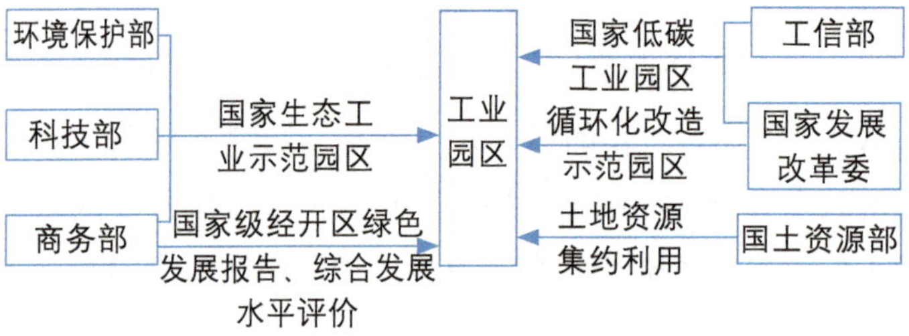

图4-2　政府部门推进工业园区绿色低碳循环发展的举措

4.4.1.4　中国绿色示范园区

制造业是中国经济发展的根基，是推动国民经济发展提质增效的主战场。目前，中国制造业普遍大而不强，大多数尚处于产业链中低端，产品附加值较低，资源能源消耗高，对生态环境的影响突出。因此，推动制造业绿色转型，以改变高投入、高消耗、高排放的传统发展模式，构筑绿色制造体系，提升中国经济的国际竞争力的需求十分迫切。作为绿色制造体系重要的组成部分和有力支撑，“绿色园区”的概念在《中国制造2025》中首次提出：“到2020年，建成千家绿色示范工厂和百家绿色示范园区，部分重化工行业能源资源消耗出现拐点，重点行业主要污染物排放强度下降20%。到2025年，制造业绿色发展和主要产品单耗达到世界先进水平，绿色制造体系基本建立。”此外，文件中还对“十三五”期间建设百家绿色示范园区的目标进行了明确规定。

为贯彻落实《中国制造2025》，2016年9月14日，工信部发布了《绿色制造工程实施指南（2016—2020年）》（以下简称《实施指南》）。《实施指南》肯定了建设绿色工业园区的重要性，并较详细地给出了绿色示范园区的建设标准："选择一批基础条件好、代表性强的工业园区，推进绿色工业园区创建示范，深化国家低碳工业园区试点。以企业集聚、产业生态化链接和服务平台建设为重点，推行园区综合能源资源一体化解决方案，深化园区循环化改造，实现园区能源梯级利用、水资源循环利用、废物交换利用、土地节约集约利用，提升园区资源能源利用效率，优化空间布局，培育一批创新能力强、示范意义大的示范园区。到2020年，创建100家绿色工业园区。"2016年9月20日，工信部以工信厅节函〔2016〕586号文发布《关于开展绿色制造体系建设的通知》开展绿色制造体系建设工作。对绿色制造体系的建设总体思路、建设原则、建设目标、建设内容、程序安排及保障措施进行了详细部署。2017年2月20日，工信部节能与综合利用司下发《关于请推荐第一批绿色制造体系建设示范名单的通知》（以下简称《通知》），正式开展第一批绿色园区的申报工作。

《通知》指出，绿色园区的基本要求是工业基础好、基础设施完善、绿色水平高，以产品制造和能源供给为主要功能、工业增加值占比超过50%、具有法定边界和范围、具备统一管理机构的省级以上工业园区。要求各地区按照制定的绿色制造体系建设实施方案目标计划推进或组织1～2个园区开展绿色园区建设工作。

4.4.2 越南生态工业园倡议项目[①]

4.4.2.1 项目背景

在过去的十年里，越南经历了以加工和制造业为主要驱动力的快速经

① Eco-Industrial Park Initiative for Sustainable Industrial Zones in Vietnam，联合国工业发展组织（UNIDO），2017。

济增长。为促进新产业的发展，政府设立了工业园区，占全国工业总产值的40%，出口总额的49%。然而，工业活动也对环境和人类健康造成了负面影响。对资源的无效管理增加了温室气体（GHG）的排放，并造成了水和土壤污染。尽管越南政府付出了巨大的努力，但要解决该国的工业污染问题，还需要克服许多障碍。

2016年开始，越南计划投资部与联合国工业发展组织配合展开“落实建设生态工业园区的倡议，力争建成越南可持续发展工业模式”项目。2016年9月，越南计划投资部同联合国工业发展组织（UNIDO）在广南省会安市联合举行有关越南生态工业园的国际专家研讨会，其为国家各管理机构和专家就生态工业园发展模式、各技术标准及发展该模式的法律框架等内容进行讨论的良好平台。

4.4.2.2 项目概况

预算：450万美元。

捐助者：全球环境基金（GEF）、瑞士经济基金秘书处、联合国工业发展组织（UNIDO）。

主要合作伙伴：越南规划投资部（MPI），越南宁平省、岘港、芹苴有关部委。

持续时间：3年（2016—2018年）。

该项目旨在将现有工业园区改造为生态工业园区（EIP），企业在其中相互合作，并与当地社区合作，以减少环境影响和生产成本。此外，还将在各行业示范清洁低碳技术和做法，以尽量减少温室气体排放、持久性有机污染物（POP）的释放和陆地水污染。

项目选择宁平省庆福工业园区（Khanh Phu industrial zone）、岘港市和庆工业区（Hoa Khanh industrial zone）及芹苴市查诺工业区 (Tra Noc 1&2 industrial zone) 作为试点园区。这三个工业区位于越南最大的两条河流——湄公河和红河的流域内，对河流丰富的生物多样性和沿岸社区的生存构成了威胁。

4.4.2.3 项目效益

①通过减少原料、水和能源的使用来提高资源效率；

②减少生产成本；

③提高竞争力和营利能力；

④尽量减少温室气体排放、持久性有机污染物的排放和有毒化学品的使用；

⑤通过推广清洁生产及“3R”（Reduce, Reuse and Recycle，减少、再用及循环再造）减少废物；

⑥增加更多的就业机会；

⑦改善工人的健康和安全以及社区的生活质量；

⑧更好地获得新技术和金融工具。

4.4.2.4 资金支持机制

在实施清洁和低碳技术时，参与该项目的企业获得资金支持。该项目已与四家机构合作——绿色信贷信托基金（Green Credit Trust Fund）、越南环境保护基金（Vietnam Environment Protection Fund）、越南发展银行（Vietnam Development Bank）、国家技术创新基金（National Technology Innovation Fund），它们提供投资援助和贷款等优先融资渠道。此外，还鼓励企业考虑其他可用的政府资金或当地银行技术投资计划。该项目还旨在与国际金融合作组织（IFC）建立密切的伙伴关系，使企业和工业区开发商能够受益于国际金融合作组织的资助机制。

表 4-14 可行的融资模型

<table>
<tr><th>机构名称</th><th colspan="2">支持形式</th></tr>
<tr><td rowspan="2">绿色信贷信托基金</td><td colspan="2">如果达到环保目标，部分退款</td></tr>
<tr><td colspan="2">抵押品</td></tr>
<tr><td>越南环境保护基金</td><td rowspan="3">贷款（软贷款、投资信贷）</td><td rowspan="3">低利率；
付款期限长；
自有资金少</td></tr>
<tr><td>越南发展银行</td></tr>
<tr><td>国家技术创新基金</td></tr>
</table>

4.4.3 泰国生态工业园项目①

泰国生态工业园项目主要由泰国工业部、泰国计划投资部、泰国工业园区管理局来指导实施。

2000 年，泰国工业园区管理局（IEAT）首先基于生态学原理上利用可持续工业发展概念来指导生态工业区。该项目被命名为生态工业区开发和网络项目（DEE+NET），由 IEAT 和德国技术合作公司（GTZ）合作。

2010 年，为了确定泰国工业发展的方向，泰国工业部组织了一场“走向绿色生态工业”研讨会。研讨会得到运营商、工业园区开发商、政府及私营机构的积极响应。该活动包括一次关于生态工业主题的演讲和小组会议，讨论生态工业发展的 5 个维度和 24 个指标的标准。

同年，泰国 IEAT 在邦浦工业园区、北方工业园区和东部沿海工业园区三个试点工业园区启动了生态工业项目。

2011 年，IEAT 以 5 个维度、22 个指标为指导原则，制定了生态工业城规范标准（草案）。此外，另外三个工业园——莱姆查邦工业园区、阿玛塔纳科恩工业园区和农海工业园区也加入 DEE+NET 项目。其中制订了五年的运营计划（2011—2015），为未来的发展提供了一个框架。此外，IEAT 开始将塔布地区的工业区升级为生态工业区。

2012 年，IEAT 联合开发了 PTT 生态工业园区（PTT ECO-IP），用于可持续居住。泰国石油管理局（PTT）计划在罗勇省图塔普特地区的亚洲工业区开发一个生态城工业项目。随后，班禅工业园区、沙空工业园区、阿玛塔城工业园区又推出了三个工业园区试点项目。

2013 年，邦浦、北岸、东岸、莲茶邦、阿玛塔那空、农开、沙空、邦禅、阿玛塔市、拉特拉邦、邦普雷、邦帕因等 36 个工业园区中，有 12 个工业园

① Kultida Bunjongsiri, Eco-Industrial Park (EIP): Global Trends and Current Situation in Thailand，SAU JOURNAL OF SCIENCE & TECHNOLOGY, Vol. 1, No. 2, 2015.

区正在建设生态工业城。12 个工业园区中有 6 个通过了 IEAT 的“生态冠军”评估，其中包括北方、农海、林家邦、邦产、萨末沙空和阿玛塔市。

2014 年，IEAT 计划将四个工业园区建成生态工业城市，包括南部（松哈拉省）、Gateway city、Sin Sakhon 和 Map Ta Phut 综合体。

4.5 澜湄国家工业园绿色化展望和建议

推动园区间的环境领域交流与合作是澜湄地区实现工业园可持续发展的重要方式。澜湄地区生态园区的发展有三个方面的重要内容：一是资源和能源的高效利用，如园区企业污染物的集中控制与处理；二是统一的管理规范，无论园区的规模如何，其相应的管理要求都应该统一化；三是强化基础设施的平台作用，优化整个园区的发展环境。

当前，中国已经在湄公河国家建设了 10 个工业园区（如表 4-15 所示）。在这些工业园区基础上，中国应与湄公河国家共同开展工业园区绿色化行动，积极将工业园向生态工业园转型。

表 4-15 中国在湄公河地区建设工业园区情况

编号	名称	所在地	园区运营状态（已建成/在建）	主导产业/规划产业	园区类型
1	泰国太中罗勇工业园	泰国东部海岸	已建成	汽车、机械、家电等	综合类
2	柬埔寨西哈努克港经济特区	柬埔寨国际港口西哈努克市郊	已建成	纺织服装、五金机械、轻工家电等	综合类
3	越南龙江工业园	越南九龙江平原	已建成	纺织轻工、机械电子、建材化工等	综合类
4	老挝万象赛色堡综合开发区	老挝首都万象	已建成	农副产品、林木加工、机械制造、物流、家电生产、纺织服装等	综合类

编号	名称	所在地	园区运营状态（已建成/在建）	主导产业/规划产业	园区类型
5	深圳 – 海防经济贸易合作区	越南海防市安阳县内	一期工程已建成	电子、服装、机械制造等	综合类
6	老挝云橡产业园	老挝北部四省	已建成	橡胶种植及加工	行业类
7	中国 – 东盟北斗科技城	泰国曼谷	2015 年 3 月签订协议，部分基站已建成运行	北斗应用和服务	行业类
8	缅甸皎漂特区工业园	缅甸西部若开邦	2016 年 2 月动工，在建	纺织服装、建材加工、食品加工等	综合类
9	华夏幸福越南产业园	越南 PTLT 区域及其扩建区及芽庄	2017 年 3 月签订协议，在建	—	综合类
10	中缅边境经济合作区	缅甸木姐和中国瑞丽	2017 年 5 月签订协议，在建	—	综合类

针对澜湄地区工业园区环保升级提出几点建议：

要坚持减量化、资源化、无害化的原则开展环境污染治理。抛弃过去不管过程减量只是单一地进行末端治理的做法，首先要考虑采用先进的生产技术和工艺，提高能源和资源利用率，减少污染物的产生，使污染物消灭在生产过程之中。在此基础上，通过废物的分类分离分解或者生态工业链的连接，把已产生废物进行资源化再生利用，使废物变成有用的原料，再次把污染物消化在生产过程中，进行第二次减量。最后才是对不能再生利用的废物进行无害化处理。这样把过程控制和末端治理结合起来，进行生产全过程的控制和治理。

要坚持循环发展、绿色发展、低碳发展的原则对园区的生态化进行建设和改造，把工业园区的生态化规划设计、建设运行和管理并举，同步推进，实现园区各生产要素柔性融合、结构优化、有机连接、功能协调、互相依存和促进、自我调节和完善的工业生态体系和产业功能集群，使工业园区成为具有完备生态功能的生态型园区。

要大力推进环境污染第三方治理新模式，第三方治理模式改变了传统的“谁污染、谁治理”的旧模式，引入了市场机制，生产企业向专业环境服务公司购买环境污染治理服务，通过双方签订环境服务绩效合同，把污染治理的责任从生产企业转移给了专业的环境服务公司，使环境污染治理的效果与第三方环境污染治理公司的经济效益挂钩，有利于污染的减排和环境的改善。工业园区生产企业比较集中，有利于实行环境污染第三方治理。

推进全产业链全方位环境管家式服务治理模式。要把工业园区当作一个污染治理单元，统筹考虑污染治理及改善，不能一个一个企业地去治理，要提出整体治理的策略，如园区产业的优化、产业链的构建、清洁生产的实施、节能节电废物综合利用的技术措施、水电气和环保基础设施的共享、环境管理咨询、环境影响评价、环境监测等方面的方案和技术措施、环境污染治理大数据平台建设，全面提升工业园区的环境治理和管理水平。

在水环境污染治理技术设备方面，要考虑多种工艺技术和设备的筛选优化、集成组合、突出技术设备低耗高效、经济适用、智能自动、适应性广等特性来满足环保升级的需要。另外，要把分散治理、分级治理和集中治理结合起来，不能无论是否适宜集中治理都“一刀切”，生搬硬套地进行集中治理，应该集中才集中，应该分散就要分散，应该分级就要分级，根据实际情况的需要采取集中分散或分级治理的措施。此外，对工业废水治理中产生的固体污染物和气体污染物也要统筹考虑，一并治理，不能造成二次污染。

5 展望

共商、共建、共享、绿色的澜沧江–湄公河合作，其实质是绿色、环保、低碳的区域一体化进程。这需要各方凝聚共识，特别是本区域国家积极推动的基础设施建设项目，更需要绿色政策体系与合作机制保障。由于地理环境的独特性和高度关联性，澜湄区域各国对发展可持续基础设施有着共同需求。可持续基础设施不但对地区互联互通、包容性发展至关重要，对减缓和适应气候变化、集约利用资源能源也有着积极的影响作用，是未来发展的趋势。在澜湄合作的大背景下，澜湄区域可持续基础设施建设面临着良好的机遇。

关于可持续基础设施的建设、管理和评价，各国目前没有统一的标准规范。湄公河国家涉及对外投资环境问题的规范和指南中，对境外企业投资活动中的环境保护要求在针对性和可操作性方面有待进一步完善，尤其是在基础设施投资建设领域，湄公河国家部分管理规定和政策要求存在差异性，建设与发展理念尚在磨合，相互间合作对话正在逐步探索开展。未来，澜湄国家可以在以下领域开展合作以促进可持续基础设施的绿色发展。

5.1 建立政策对话平台与能力建设体系，促进可持续基础设施理念与经验分享

“要想富，先修路”理念帮助中国突破了基础设施落后、投资环境差的发展瓶颈。过去几十年，中国公路建设经验以及近几年蓬勃发展的“绿色公路”更是积累了先进技术和管理方法以供国际分享。除中国经验外，多边开发机构、发达国家可持续基础设施发展战略与政策、投融资模式以及环境管理和保障体系方面也是经验案例良多。澜湄国家将共同加强可持续基础设施建设与投融资平台建设，加强澜湄区域政府、企业、金融机构、研究机构、社会组织等的对话与合作，共同开发可持续基础设施示范工程与绿色金融项目典型案例，共同分享可持续基础设施建设与投融资良好实践。

企业在基础设施建设中的环境与社会风险分析与管理水平，开展企业环境管理能力建设项目。在澜湄地区开展基础设施建设与投融资活动的企业和金融机构应严格遵循东道国法律法规要求，在环境方面以不违反所在国投资与环境法及相关环境标准为底线，采纳国际标准准则，并进一步开发企业可持续基础设施建设与环境管理的能力建设培训项目，指导和鼓励企业根据实践经验，设立基于国别的投资环境和社会风险指引，增强对澜湄地区环境、气候、社会风险的识别和评估能力。

5.2 促进环境政策主流化，推动澜沧江－湄公河可持续基础设施标准的联合研究与推广

环境管理与环境标准同可持续基础设施紧密相关，只有促进环境部门与交通、能源、工业等部门的紧密合作，利用空间规划与生态管理、环境影响评价与环境绩效评估等管理手段，提升区域内国家可持续基础设施的环境管

理水平，才能真正实现环境政策主流化与项目落实。

可持续基础设施缺少分行业的标准、指南或指标体系，投资者对绿色技术的不熟悉和缺少全生命周期的统筹规划限制了可持续基础设施的发展。区域内国家可借鉴国际社会上可持续基础设施的先进标准以及国内外可持续基础设施建设与运营的良好实践，组建联合研究工作组，结合澜湄区域经济发展情况和各国实际需求以及负担能力，推动澜湄可持续基础设施全生命周期设计、建设和运营的标准规范和环境管理体系的研究以及在区域的推广。

5.3 推动澜沧江－湄公河合作机制框架下金融机构体系的绿色化

在兼顾效率的前提下，引入并构建相对高标准的环境与社会风险管控体系。区域经济合作的核心是基础设施建设与可持续投资，其也是国际社会关注的热点。中国金融机构和有关企业参与澜沧江 - 湄公河投资项目需要引入并构建相对高标准的环境与社会风险管控体系。参照相对更高的国际环境风险管控体系标准将有助于中国推动多边金融体系和企业参与对外投资特别是国际区域建设项目。中国在未来推动多边开发项目的投融资决策中要充分考虑潜在的环境影响，把与环境条件相关的潜在回报、风险和成本融合进金融和投资项目管理的日常业务中，引导资金流向绿色基础设施建设、节约资源技术开发和生态环境保护产业，引导企业注重绿色环保，避免注重短期利益的投融资行为。

推动中国金融机构参与澜沧江 - 湄公河合作机制建设，加大对绿色低碳项目、生态环境保护项目投资。绿色投资是在可持续发展战略下，由开展绿色经济而给企业带来的新的商业机遇和业务增长点，从而为投资者和社会带来具有商业和社会影响价值的投资。在区域合作中，金融机构应积极参与绿色投资，与国内产业升级的可持续发展趋势连接起来，通过建立绿色生态工业园区试点等方式，重点在商业可持续、风险可控的前提下，加大对绿色低碳项目、生态环境保护项目的投资，促进投资目标国的绿色增长。

5.4 建立完善和相对透明的基础设施建设项目环境与社会风险信息公开制度

信息公开制度对于项目实施的各个阶段也可以担当监督的角色，保障项目的实施不会对环境与社会造成不可逆的影响。现有多边开发银行支持的基础设施建设项目投资，基本均采用多边开发银行适用的信息公开制度，可以保障各参与方及利益相关方的权益。中国企业与银行业在信息公开制度的实践上与其他多边开发银行尚存在一定差距，需按国际通用做法建立完善的信息公开制度，金融机构在项目的贷前、贷中、贷后等各个阶段充分考虑利益相关方和社区的关切，企业则在项目运营与施工、维护等过程中充分与社区进行信息公开与公众交流，确保必要的项目透明度建设。

加强同公众、社区和非政府组织的对话合作，更多关注社会公平与提升民生福祉。环境可持续基础设施强调生态保护与自然和谐，促进社会包容发展。在基础设施建设的全过程应重视社区关系与公众参与的对话合作法则，关注提升项目周边的民生福利。特别是亟须提升经营企业和金融机构的社会责任意识，重视项目过程中社区、公众和民间组织的参与，对多元价值观持包容态度。

5.5 在澜沧江－湄公河合作框架推动可持续基础设施建设综合试点

结合建设标准、项目环境影响评价、生态廊道建设与生态修复、生物多样性保护与生态扶贫等内容，在澜沧江–湄公河合作框架下绿色、可持续基础设施建设综合示范试点，将澜沧江–湄公河国家以及国际上优秀的交通、能源和工业园案例在区域内进行推广，并将生态规划先进技术、生物多样性保护理念和环境管理标准融入区域可持续基础设施建设具体项目中。

希望在国家与社会的共同参与和帮助下，澜湄区域国家和各参与机构能够共同努力，共建可持续基础设施，实现绿色发展，助力澜湄流域经济发展带建设，以澜沧江 - 湄公河黄金水道为依托，以产业发展重镇和重大基础设施为枢纽，辐射带动整个流域腹地发展，实现全流域经济的提质增效升级。

参考文献

[1] 孙海玲 . 大型基础设施和可持续发展 [J]. 未来与发展 ,2010,31(6):12-14.

[2] 毛晔 . 大型基础设施的可持续性研究 [D]. 南京 : 东南大学 ,2005.

[3] 孙大海 . 基础设施可持续发展及成本效率研究 [D]. 上海 : 同济大学 ,2007.

[4] 杨振发 . 建立澜沧江–湄公河流域跨界环境影响评价制度若干问题的研究 [D]. 昆明 : 昆明理工大学 ,2004.

[5] 时代金融 . 柬埔寨基建投资需求巨大 [J]. 时代金融 ,2016(13):41-42

[6] 潘沙麦 . 老挝生态环境问题及环保措施研究 [D]. 武汉 : 华中师范大学 ,2014.

[7] 苏林 . 缅甸交通基础设施投资环境分析 [D]. 昆明 : 云南财经大学 ,2016.

[8] 晓询 . 亚投行关注"可持续基础设施"建设 [J]. 中国招标 ,2017(27):13-14.

[9] 万志宏 , 黎艳 . 亚洲基础设施投资银行可持续发展研究 [J]. 亚太经济 ,2015(6):23-28.

[10] 世界高速公路，http://www.worldhighways.com.

[11] TRL. Partnership for Sustainable, Low Carbon Transport[J]. Partnership for Sustainable Low Carbon Transport.

[12] Xavier SalaiMartín. The Global Competitiveness Report 2016–2017[R]. Columbia University.

[13] 亚洲开发银行 . 柬埔寨公路改善项目 2017 年上半年环境监测报告 [R]. https://www.adb.org/projects/documents/cam-43309-013-emr-0.

[14] 世界银行 . 越南岘港 - 广义高速公路改进项目环境影响评价报告 [R]. http://projects.shihang.org/P106235/da-nang-quang-ngai-expressway-development-project?lang=zh.

[15] ADB. Transport Infrastructure and Trade Facilitation in the Greater Mekong Subregion[R].

[16] ADB. Regional Investment Framework Pipeline of Potential Projects (2013–2022)[R]. 2012.

[17] 亚洲开发银行 . 柬埔寨省道改造项目（贷款编号 2839-CAM）2017 年 1 月环境监测报告 [R]. 2017.

[18] 殷红 . 绿色金融支持“一带一路”可持续基础设施发展 [J]. 当代金融家，2016.

[19] 林卫基 , 任志清 , 席睿德 . 中国现代化：制度建设投资 [M]. IMF, 2017.

[20] 国务院新闻办公室 .《中国交通运输发展》白皮书 [R]. 2016.

[21] 中国对外承包工程商会 . 中国对外承包工程企业社会责任优秀实践案例集 [R].2017.

[22] 吕文利 . 论云南在“一带一路”建设中的战略定位——从交通基础设施建设的视角 [J]. 云南社会科学 ,2015(4):83-86,97.

[23] 郭延军，任娜 . 湄公河下游水资源开发与环境保护——各国政策取向与流域治理 [J]. 世界经济与政治 ,2013(7):136-154,160.

[24] 孙周亮 , 刘艳丽 , 刘冀 , 等 . 澜沧江–湄公河流域水资源利用现状与需求分析 [J]. 水资源与水工程学报 ,2018,29(4):67-73.

[25] 李红梅 . 越南水资源状况与挑战 [N]. 黄河报，2010-4-15（3）.

[26] 中国驻老使馆经商处 . 老挝水电资源及其开发情况调研报告 [R]. 2010.

[27] 杜娟 . 试析我国澜沧江水域污染现状及相关法律法规的完善 [J]. 法制与社会，2010(11):59-60.

[28] 韦健锋 , 张会叶 . 湄公河水电开发对地区局势的影响 [J]. 亚太安全与海洋研究 , 2015(4):94-106.

[29] 中国对外承包工程商会 . 中国境外可持续基础设施项目案例集（2018

版）[R].2018.

[30] 蒋天，中资水电站“点亮”柬埔寨经济与民生 [N]. 中国青年报，2017-5-10.

[31] 财政部政府和社会资本合作中心．“一带一路”PPP 项目案例 ——柬埔寨甘再水电站 PPP 项目 [EB/OL]. (2017-6-9)www.cpppc.org/zh/ydyl-al/5213.jhtml.

[32] 前瞻产业研究院．2018—2023 年中国经济开发区建设与招商引资策略分析报告 [R]. 2017.

[33] 新华丝路国别报告．老挝的经济特区和经济专区及其优惠政策 [DB/OL].2018．

[34] 驻胡志明市总领馆经商室．越南经济园区发展历程及未来规划 [EB/OL]. 中华人民共和国商务部，2016.

[35] 商务部《对外投资合作国别（地区）指南》编制办公室．对外投资合作国别（地区）指南 - 柬埔寨 [R]. 2017.

[36] YnFx. Laos - Textile and Garment Industry[EB/OL]. 2011.

[37] Myanmar Garment Manufacturers Association. Supply potential of the garments sector in Myanmar, Netherlands Ministry of Foreign Affairs, 2018.4.11.

[38] 商务部《对外投资合作国别（地区）指南》编制办公室．对外投资合作国别（地区）指南 - 泰国 [R]. 2017．

[39] 甘泉．中泰纺织“连连看”，探索发展新出口 [J]. 中国 - 东盟博览（政经版），2017(4):27.

[40] 工业和信息化部．纺织工业发展规划（2016—2020 年）[R]. 2016.

[41] 田金平，刘巍，臧娜，等．中国生态工业园区发展现状与展望 [J]. 生态学报，2016,36(22):7323-7334.

[42] 庄钦宏，汤金花．关于纺织印染行业环保治理和建设生态工业园的设想 [J]. 中国人口·资源与环境，2017(S2):74-77.

[43] 联合国工业发展组织（UNIDO）. Eco-Industrial Park Initiative for Sustainable Industrial Zones in Vietnam[R].2016 .

[44] Kultida Bunjongsiri. Eco-Industrial Park (EIP): Global Trends and Current Situation in Thailand[J]. SAU JOURNAL OF SCIENCE & TECHNOLOGY, 2015,1(2):47-63.